人文素质教育共同体建设研究

吕冬娜 ◎ 著

吉林出版集团股份有限公司
全国百佳图书出版单位

图书在版编目（CIP）数据

人文素质教育共同体建设研究 / 吕冬娜著. -- 长春:吉林出版集团股份有限公司, 2024.1

ISBN 978-7-5731-4575-8

Ⅰ．①人… Ⅱ．①吕… Ⅲ．①大学生－人文素质教育－研究 Ⅳ．①G640

中国国家版本馆CIP数据核字(2024)第041251号

RENWEN SUZHI JIAOYU GONGTONGTI JIANSHE YANJIU
人文素质教育共同体建设研究

著　　者	吕冬娜
责任编辑	田　璐
出　　版	吉林出版集团股份有限公司
发　　行	吉林出版集团青少年书刊发行有限公司
地　　址	吉林省长春市福祉大路5788号（130118）
电　　话	0431-81629808
印　　刷	北京昌联印刷有限公司
版　　次	2024年1月第1版
印　　次	2024年1月第1次印刷
开　　本	787 mm×1092 mm　1/16
印　　张	10
字　　数	154千字
书　　号	ISBN 978-7-5731-4575-8
定　　价	76.00元

版权所有·翻印必究

前　言

当代学生的个性、思想、价值取向等方面均呈现出很多新的特征，通过构建人文素质教育共同体，树立师生共同成长理念，实现教师职业素养的提升，同时促进学生综合素质的提升和成长成才。

本书先对人文素质教育的概念做了阐述，随后讲述了人文素质的现状、发展、原则、途径、方法、价值和功能等方面的内容，研究了大学生人文素质的全面发展以及大学生人文素质拓展的渠道，最后延伸到校园制度文化的建设层面。本书适合高校教育工作者和管理者阅读，也可供相关专业学者和学生参考阅读。

本书在编写过程中参考借鉴了一些专家学者的研究成果和资料，在此特向他们表示感谢。然而，由于编写时间仓促，编写水平有限，不足之处在所难免，恳请专家和广大读者提出宝贵意见，予以批评指正，以便改进。

目 录

第一章　人文素质教育概念 …………………………………… 1
　　第一节　人文素质 ………………………………………… 1
　　第二节　人文素质教育 …………………………………… 9

第二章　人文素质教育的现状及发展 ………………………… 17
　　第一节　对我国高校人文素质教育的思考 …………… 17
　　第二节　大学人文素质教育的重要性 ………………… 27
　　第三节　我国高校人文素质教育体系建设 …………… 34
　　第四节　科学素质教育与人文素质教育整合 ………… 43

第三章　人文素质教育的原则、途径和方法 ………………… 48
　　第一节　人文素质教育的原则 ………………………… 48
　　第二节　人文素质教育的途径 ………………………… 55
　　第三节　人文素质教育的方法 ………………………… 68

第四章　人文素质教育的价值与功能 ………………………… 74
　　第一节　人文素质教育的个体价值 …………………… 74
　　第二节　人文素质教育的社会价值 …………………… 79
　　第三节　人文素质教育的社会功能 …………………… 85

第五章　大学生人文素质全面发展研究 …………………… 89

第一节　大学生道德素质的发展 ………………………… 89
第二节　大学生心理素质教育 …………………………… 96
第三节　大学生美育素质教育 …………………………… 103
第四节　大学生科学素质教育 …………………………… 110
第五节　其他方面的人文素质教育 ……………………… 120

第六章　大学生人文素质拓展渠道 …………………………… 123

第一节　举办高校名师讲坛 ……………………………… 123
第二节　修建校园文化长廊 ……………………………… 126
第三节　规范校园文化活动 ……………………………… 129
第四节　设计人文素质拓展的目标 ……………………… 133
第五节　建立科学的考评机制 …………………………… 136

第七章　校园制度文化建设 …………………………………… 141

第一节　校园制度文化概论 ……………………………… 141
第二节　校园制度文化建设及其指导思想 ……………… 146
第三节　校园文化的传播途径 …………………………… 149

参考文献 ………………………………………………………… 153

第一章 人文素质教育概念

人文素质教育是社会历史发展的产物，随着人类文明的出现而逐渐发展。但是人文素质教育在我国出现以及受到重视，却是到了 20 世纪。要了解高职院校的人文素质教育，首先应该对人文素质教育的基本含义、基本内容、特征等有一个基本的认识。本章内容旨在阐述人文素质教育的基本概况，为后面的章节做一个良好的理论铺垫。

第一节 人文素质

人文素质教育以及教育实践有着悠久的历史，在世界各国有着不同的叫法和不同的发展程度。但从我国开始重视素质教育以来，"人文素质教育"这一概念却是我国所特有的一种叫法，即我国所特有的专有名词。国外将人文素质教育通常称为人文主义教育或人文教育。在我国有关教育的相关文件中，人文素质教育常被视为"素质教育"，尤其是"文化素质教育"的核心部分。其通常指的是在学校教育中所开展的以人文知识的传授与学习为载体，目的是培育学生素养的教育教学活动的各种形式。

研究人文素质教育问题，重中之重是厘清人文素质教育所涉及的有关"人文""素质""人文素质"等基本概念。从这些具体的基本信息中透视和把握它们的要点、内涵与内容等，无疑是我们进一步探讨人文素质教育问题的理论前提和理论基础。

人文素质是一种素质，是人的素质的一个组成部分。人文素质即人在自我成长历程之中，凭借相关的学习和实践活动等产生的个性心理品质，尽管该心理品质的具体内容与所谓的人文科学知识、人文理论观点等息息相关，但我国许多学者把人文知识或理论等同于人文素质的重要内容或构成方面，则是一种误解。人文知识或理论本来就不是什么素质，当然也就不能说是素质的内容或构成方面。人文知识或理论唯有通过作为主体的人类个体的吸收，转化成一个人的学识、素养、个性修为等，才是所谓的人文素质。

一、人文素质的基本含义

在对人文素质进行研究的过程中，笔者发现素质最初是应用于心理学和生理学所涉及的概念，后被引申和借用到诸如教育学等领域。生理学和心理学侧重于素质本身所具有的先天性，认为素质是人与生俱来的解剖生理特点，主要涉及感觉器官和神经系统方面的特点，是人的心理发展的生理条件，可这并不能左右人的心理内容和发展水平。与生理学和心理学不同，教育学强调素质的后天性，认为素质是人在先天生理的基础上，受后天环境、教育的影响，通过个体自身的认识与社会实践而产生的比较稳定的身心方面的基本品质或素养。此外，《辞海》所说的素质是指人或事物在某些方面的本来特点和原有基础，但素质概念主要是指人的素质，讲物的素质的情况较为罕见，而人的素质通常分为生理素质和心理素质。人文素质是人的素质中最内在最重要的素质，属于人的心理素质层面，尤其是指人的思想和精神方面的素质。

人文素质是人文与素质两个概念的融合，但这一结合却不只是概念之间的简单求和，而是在两者融合的阶梯上突显其核心特征和基本特性。这一概念构成了教育学当中的人文素质教育的核心概念。在教育学学者对这一问题展开的普遍性研究中，对其基本含义主要有以下几种代表性观点：

其一，坚持人文素质即个体的综合素质，由知识、能力、观念、情感、意志等因素融合而成的内在品质，展现于其人格、气质、修养，是个体外在精神风貌与内在精神气质的综合反映，亦是现代人文明程度的综合体现。人文素质的内涵可以理解为由人文科学知识、社会心理、文化修养、人文精神等方面综合而形成的个体内在的、稳定的、不变的特质，其外在表现为人格特质。唯有优秀的、高尚的精神和有价值的文化，才能与人文素质教育的内涵相符合。此解释注重人文素质对于个体的内在品格的综合塑造。

其二，认为人文素质是一种认识人的知识，人文素质是关于人类认识自己的知识，作为一个人的根本在于素质的提升，发展人文素质要学会做人，引导人们思考人生的目标、意义、价值、发展人性、完善人格，激励人们成为一个真正的人。这种认识强调，人文素质的根本目的是使人成为人。

其三，认为从人文素质的内在分类中把握人文素质的总体内涵，分为思想道德素质、文化素质、业务素质和身心素质，其中思想道德素质是根本和灵魂。人文素质教育是指更加注重学生人文精神的培养和提升，注重学生个性的不断发展；对于高校而言，就是要重视大学生内在精神素质与文化素质的有机结合和协调发展，即提高人文精神的修养水平。强调人文素质是多种素质的结合。

这些认识方式从不同方面揭示了人文素质的本质特征，即综合性、整体性、内在性、协同性和生成性。

虽然对人文素质目前尚未有统一的学理界定，但在讨论中人们关注的主要观点和基本内容是一致的。大体上来说，所谓人文素质，即做人的基本素质。它体现在一个人对自己、对他人和社会的认识、态度和行为当中。广义上，人文素质即个体成为人并发展成为人才的内在精神品质。这种精神品格往往体现在一个人在自身的学习和实践中所形成的诸如爱国忧民情怀和做人的气节情操等方面。狭义上，人文素质指人们对文史哲艺等知识和技能的内化，它主要是指个体的文化素养和个性修为。人的素质是一个内容丰富的体系，人文素质一方面是这个体系的一个组成部分或层面，另一方面它本身又是一个由多重要素或多个层面的内容构成的复杂系统。诸如人文认知、人文情怀、人文方法和人文实践等，都是这个系统的主要方面或构成要素，但是人文素质又不仅仅等同于它们其中的任何一个，而是这些方面或要素有机统一在一起的某种整体性的心理品质与品格。

二、人文素质教育内涵的几层意思

人们对人文素质的构成要素或具体内容有不同的看法。据粗略统计，相关研究文献中提及了人文知识、人文观念、人文意识、人文情感、人文精神、人文思维、人文方法、人文价值取向、人文行动和人文实践等十多个要素或方面的具体内容。但是，经过仔细的分析，我们可以抛开本节开头提到的人文知识直接被视为人文素质内容的不合理说法。从这些说法想要表达的真实意图来看，它们大致可以概括为三个主要层面：人文意识和人文修养、人文情怀和人文精神、人文行为和人文实践。其中，人文意识和人文修养是人文素质的基石，人文情怀和人文精神是人文素质的灵魂，人文行为和人文实践是人文素质的外化表现。它们共同构成人文素质的动态存在过程，形成一个完整的人文素质系统。

（一）人文意识和人文修养

人文意识是指一个人在与周围的人和事打交道，处理生活和实践中遇到的各种问题和关系时，表现出尊重他人、关心他人、关注他人的人格心理倾向。人文修养是一个人通过自己的学习和努力在人文学科中获得的一定的知识水平和人格修养。人文意识和人文修养与相应的显性或隐性人文知识相关，它们是在个体获得人文知识的基础上形成的，是个体作为主体对这些知识的吸收和内化的结果。人文知识是与自然知识和社会知识相对应的知识类型，是人类整体知识构成的重要组成部分，它是以语言（符号）的形式对人文世界的把握、体验、诠释和表达。丰富的人文知识是一个人完善知识结构的必要元素，是成为全面发展的人的必要条件，是人文素质的前提和基础。

人们常说文学、历史、哲学、伦理学、音乐、艺术和那些几乎覆盖绝大多数人文社会科学的人都属于人文知识的范畴。它是人们对人自身、精神生活、物质生活和人类社会等方面的认识所产生的结果。它启发和引导人们去理解和思考诸如什么是人的本质，我从哪里来，我去哪里，我生命的意义是什么，我的价值体现在哪里，什么是人类幸福，什么是人类苦难，如何与他人和谐相处，如何处理好自己与社会的关系，如何与自然甚至宇宙和谐共存等没有明确答案但却很有意义的价值问题。

人们通过学习和思考人文知识，将人文知识内化、转化为个体的知识结构和认知模式，为培养人文素质奠定了相应的知识基础。因此，人文知识是人文素质的基石。虽然人文知识并不等于人文素质，但一般来说，一个人的基础知识越扎实、越深厚，他解决问题的能力和其他素质就越强，反之亦然，就会制约和影响他的整体素质和发展潜力。

人文知识是人文素质的基石，人文知识博大精深。人类个体应该掌握什么知识，需要具体分析。解梅和陈红在她们所著的《理工类高校人文素质教育研究》（甘肃文化出版社 2013 年版）一书中的说法值得借鉴。通过对上面提及的参考书目的研读，笔者认为高职生应掌握的最基本人文知识的标准是：

第一，历史与传统方面。它可以形成贯穿古今中外的重要历史知识网络体系，反映人类社会的政治、经济、思想、文化、科技等领域，学会从不同的角度认识历史发展中的整体与部分的关系，辩证地理解历史与现实、中国与世界的内在关系，能够从历史的角度和方法来发现、分析和解决问题。

第二，哲学和社会方面。把握马克思主义哲学的基本原理，理解科学的世界观和方法论，能够运用哲学的基本原理和方法分析现实生活中的实际问题。

第三，文学与经典方面。对阅读有广泛的兴趣，培养规律阅读的习惯，具有一定的阅读表达能力和文化积淀能力；能赏析古今中外的优秀文学作品，能通过多种方式收集素材，创作文学作品。

第四，美学与艺术方面。了解基础的审美知识，培养正确的审美观；懂得一定的写实美知识、艺术美知识和从中概括的形式美知识；具有对自然美、社会美、科技美和艺术美的感知和欣赏能力，形成健康的审美观和高尚的审美情操。

第五，人格心理方面。具有健康的心理素质和健全的、鲜明的人格，自信、自尊、自强，可以化解人的理性、情感、意志等矛盾和冲突，乐于合作，无惧竞争，勇敢探索。显然，以上列出的内容和标准更加全面和理想，然而要求所有的高职院校学生在毕业时达到人文知识的这些标准是不现实的。正如两位学者所说，人文知识的获得是一个漫长的过程，伴其一生。对于高职生来说，高职院校的人文素质教育仅是其中的一个重要阶段。高职院校可以根据人才培养方向，注重目标，高职学生也可以有个人特色，这不一定要求全面的目标。从另一个角度来看，这种知识与人们的心理、意识、情感、意志、兴趣、语言和行为有关，引导人们思考人生的目的、意义和价值，追求人的完美和完善，以及与国计民生密切相关的社会结构、社会组织、社会团体行为和事物，促进人们认识和思考与自己密切相关的事物和现象，确立自己的定位，选择实现社会价值与个人价值统一的途径和方法，即所谓人文科学知识和社会科学知识。学校和学生对人文知识的教育和学习主要是对这两种知识的教育和学习，但具体的内容应该可以根据具体情况自由选择或重点教育学习。

（二）人文情怀和人文精神

人文情怀和人文精神是对人的存在意义和价值的关注，是以人为对象、以人为中心的思想意识的本质和特征的集中体现，体现在人的信仰、理想、人格、道德等方面。人文情怀和人文精神是人文素质的核心和灵魂，它将通过人的世界观、人生观、价值观、人格特征和审美情趣反映出来。

人文情怀和人文精神同一切主观事物一样，不是人的本性所固有的，而是生活实践中形成和发展的。它不仅与个人的努力和修养有关，也是人类优秀文化在社会后天遗传和历史传承中积累所形成的。个体的人文情怀和精神往往植根于自身的社会文化和民族精神之中，一般具有时代的主题和品牌，具有鲜明的时代精神特征和价值取向。个体通过自身的学习和实践，将这些社会文化、民族精神、时代精神和价值取向内化为自己的人生信念、理想和道德人格，成为一种能够支配自己的世界观、人生观、价值观、人格特征和审美情趣的独特的思想品格。这种品质是人的具体的、个性化的人文情怀和精神，它是一个人人文素质最重要的内容和最内在的核心或灵魂。它是人文知识或认识的内化和升华，决定和影响着人们的人文行为和具体表现。

人文情怀和人文精神的具体内涵可以从不同的角度进行审视。中国学者顾明远认为，人的素质主要体现在四种正确的处理方法上。要正确对待自然，认识人与自然的关系，懂得珍惜自然，保护环境，保护人类赖以生存的生活圈；正确对待社会，理解个人与社会的关系和对社会的责任，遵守法律和公共道德，为社会进步做出应有的贡献；正确对待他人，理解他人，尊重他人及其价值观，与人为善，有团队精神；正确对待自己，正确认识自己的价值，善于剖析自己。学界认为，这四种正确的处理方法，实际上都是简短地表达了人文情怀和人文精神的本质。所以，人文情怀和人文精神，作为一个人内在的思想品质或品格，并不是不言自明的东西，而是必须通过人所处的各种具体关系和面对的关系来体现的。

比如，从人与自己所在的国家、民族和社会的关系出发，则它即所谓的社会关怀，人对社会的一种庄严郑重的道德感、责任感和使命感。梁启超说："人生于天地之间，各有责任""自放弃责任，则是自放弃其所以为人之具也。是故人也者，对于一家而有一家之责任，对于一国而有一国之责任，对世界而有世界之责任。一家之人各自放弃其责任，则家必落；一国之人各自放弃其责任，则国必亡；全世界人之各自放弃其责任，则世界必毁。"历史上有屈原的"独立不迁""上下求索"的精神，孟子的"穷则独善其身，达则兼济天下"的壮志，范仲淹的"先天下之忧而忧，后天下之乐而乐"的态度，顾炎武的"天下兴亡，匹夫有责"的呼号等等。他们都表达着对国家和人民的关心和关怀，对国家的报国志向和对人生的态度，履行着自己的社会责任和历史使命，这些都彰显了他们强烈的人文情怀，是人文精神的生动体现。

例如，就人与自然的关系而言，人文情怀和人文精神体现在对自然的关怀和爱护上，促进人与自然的和谐共存与协调发展。人的生存离不开自然，自然是人类生存的家园。马克思甚至说过，自然是人的无机体。面对环境污染、资源枯竭、物种锐减、人口膨胀、各种自然灾害频发的局面，人们开始反思人与自然相处方式的合理性，如过去存在的"人定胜天""战胜自然"。人们已经认识到，人与自然的和谐共处与平衡发展才是关系人类生存基础的重大问题。因此，我们必须改变我们的观念，摆脱人类的自私和狭隘，理解和实践人类及其个体生命对自然的责任，使之达到一个新的高度。这种观念和行为的扩展无疑会令人类的生产方式和生活方式产生翻天覆地的变化，推动人们对自身本质的认识有新的飞跃，使人与人、人与自然的关系更加友好，这是当今时代人文情怀和人文精神最突出的新内涵。

例如，就人与自己和他人的关系而言，关爱生命、尊重他人是人文情怀和人文精神在这方面的集中体现。关爱生命是人文情怀和人文精神的第一要义。生命的存在是一切个体存在的基础。没有生命，个体中其他的一切都将失去基础和依赖；没有生命，社会将不复存在。从这个意义上说，关爱生命是生命中最重要的事情。因为，只有热爱生活，才能善待生活；只有善待生活，才能善待自己；只有善待自己，才能真正关注他人，关注一切自然的和外在的。只有这样，人们才能遵循伦理道德，从生命伦理到社会伦理，从人类伦理到自然伦理。只有真正遵守这些道德规范，才能提高人们的道德水平。以人为本，才能真正让自己的生活更加有意义、充满活力和辉煌。

尊重他人，懂得爱人，这是人之为人的基本要求。人不仅是一种合群的动物，而且是只有在社会中才能独立的动物。社会性是人的根本属性。既然如此，任何个体要融入社会，就必须懂得尊重他人，从这个意义上说，人文精神的形成也是人类社会化逐步完善的过程，判断人类社会化的中心准则是尊重他人。尊重他人，包括尊重他人的权利，尊重他人的尊严，尊重他人的价值。人只有在尊重他人的同时才能获得他人对自己的尊重。唯有如此，方可以此构建"自爱"和"他爱"相依相成的人际和谐关系。这也是人文情怀与精神的基本要义。

关爱生命和尊重他人所蕴含的人文情怀与精神的具体内涵，也是一个人人格的基本内容。要塑造具有人文情怀与精神的理想人格，实现人的全面发展，就应当树立崇高的理想信念、养成诚实守信的品格、培育开拓进取的精神、拥有积极乐观的态度以及自强不息的信心和宽容大度的胸怀与健全的心理素质等。一个人拥有这样的人文情怀和精神，则他坐拥千金难买的精神宝藏，懂得如何与自然、社会、他人和谐相处，敢于直面人生，敢于体验生存之美，积极探索和创造人类的美好生活。

一言以蔽之，人文素质以人文情怀与精神为内在支撑，后者是其至高层次，具有人文素质的最突出特征即兼具人文情怀与精神。

（三）人文行为和人文实践

人文行为和人文实践是人文意识和人文修养、人文情怀和人文精神的立足点，是衡量或评价一个人是否具有一定人文素质的重要指标和显性标志。人通过对人文知识的学习和理解，引发对人的生命终极本质本身的质疑和思考，发展了对相应的人文价值和精神品格的追求。这种内在的价值追求和精神品格体现在外在的行为上，即人文行为和人文实践。起初来看，素质是内在的，行为及实践是外在的，似乎是两码事。但之所以把人文行为及实践也看作人文素质的三大基本内涵之一，不仅是因为素质决定和支配行为，行为反映和体现素质，而且素质一词本来就包含技能的意义，表达这种技能的人文行为和实践活动是人文素质的内在要素。

人文行为和实践可以体现在人类社会生活的各个方面。比如，坚持民族气节和美德，坚持正义和真理，为国家和社会贡献力量，为人类做一些事情；比如，文明行为、端正形象、爱集体、助人为乐、遵守公德和秩序，以及勤俭节约、慈悲善行等。

归根结底，人文意识和修养、人文情怀和精神及人文行为和实践，是相依相存、互补互通的关系。只有这三者在内部高度统一，形成一个整体，才能形成完整、立体、生动的人文品质。人文意识和人文修养是人文素质的前提和基础，人文情怀和人文精神是人文素质的内在特征和追求，人文行为和人文实践是人文素质能力和水平的体现。所谓人文素质，就具体的人而言，就是通过自己的认知和实践，将外在的人文知识和标准内化为自己的习惯和性格，并能将生活的信仰转化为真正的行为。人文素质教育的功能和目的是培养具有人文素质的人。

第二节　人文素质教育

　　人文素质教育，在国外也叫人文教育，它既是丰富多彩的人类教育活动的一个组成部分，一个具有特定内容的专门层面，更是教育之所以为教育的原始含义和真正的本质之所在。仅就其作为教育之一个组成部分的特定意义来说，人文素质教育是积极引导和自觉干预与控制个体人文素质的养成过程，是一种社会活动或行为。这种社会活动或行为采用的具体方式方法是多种多样的，最早这种教育没有固定的组织形式和操作模式，一般以族群、家庭和各种社会教育等形式呈现，后来才发展为以高度组织化的学校教育方式为主渠道的专门化教育。当然，即使是在学校教育为主渠道的情况下，个体人文素质的养成同时也会受到家庭和社会等的影响。专业人文素质教育主要是通过人文知识的传授和环境熏陶将人的人格、气质、修养内化为相对稳定的内在品格的过程，其根本目的是提高受教育者的文化素质、理论素养和道德情操，使受教育者学会做人、懂得做人，做一个全面发展的完整的人。从这个意义上来说，人文素质教育实质上就是做人的教育，而做人的教育正是教育的终极目的。因此，人文素质教育体现了教育的初衷和本质，既是人类教育的重要组成部分，又是教育活动的内在灵魂和核心价值之所在。

一、素质教育

　　素质教育是以人的发展、人的客观规律和人与社会需要之间的客观规律为基础的教育活动。它是一种以全面提高受教育者素质为目的的教育模式，人的思想道德素质、能力培养、人格发展、身体健康和心理健康教育是它的侧重点。

(一)素质教育的历史沿革

"素质教育"概念出现在20世纪80年代后期,当时,纠正片面追求升学率、全面提高学生素质的呼声日益高涨,引发了教育理论界关于教育思想的大讨论。它注重树立正确的人才观,提高国民素质。同时,一些学者开始撰写专著,对人的素质、工人的素质、人才的素质等问题进行探讨。时任国家教委副主任柳斌同志于1987年在《努力提高基础教育的质量》一文中首先使用了"素质教育"一词。在随后的近30年中,"素质教育"这个词一直伴随着我国教育改革事业的发展,并成为教育改革和发展的重要内容之一。

科教兴国战略在党的十四大会议上被正式提出,旨在教育肩负着提高国民素质、培养跨世纪人才的使命。1993年,中共中央首次在正式文件中对素质教育做出了描述,中共中央、国务院发布的《中国教育改革和发展纲要》指出,中小学要从应试教育转向全面提高人的素质,面向全体学生,全面提高学生的思想道德、文化科学、劳动技能和身心素质,促进学生生动活泼的发展,办出具有自身特色的学校。随后,中共中央、国务院、国家教委等组织举办了多次关于素质教育的研讨会,并发布了一些指导意见,为全面落实素质教育提出了具体指导意见。这积极推动了我国素质教育的研究和实施,使素质教育的发展有了质的飞跃。1999年6月,以"素质教育"为主题的第三次全国教育工作会议召开。此次会议把素质教育提高到事关国家发展大局的重要地位。江泽民同志在会议讲话中指出,"教育是知识创新、传播和应用的主要基地,也是培育创新精神和创新人才的重要摇篮"。在随后颁布的《中共中央、国务院关于深化教育改革全面推进素质教育的决定》中明确指出:实施素质教育,就是全面贯彻党的教育方针,以提高国民素质为根本宗旨,以培养学生的创新精神和实践能力为重点,造就"有理想、有道德、有文化、有纪律"的德、智、体、美全面发展的社会主义事业建设者和接班人。这是我国首次提出素质教育的具体目标和方向。

2012年,党的十八大报告中明确指出:"要坚持教育优先发展,全面贯彻党的教育方针,坚持教育为社会主义现代化建设服务、为人民服务,把立德树人作为教育的根本任务,培养德、智、体、美全面发展的社会主义建设者和接班人。全面实施素质教育,深化教育领域综合改革,着力提高教育质量,培养学生社会责任感、创新精神、实践能力。"这是我们党和国家,立足于构建社会主义和谐社会,从科学发展观角度对素质教育进行的新的思考。

纵观这些历史沿革,可以看到,目前教育界已经不再讨论是否应该实施素质教育,而是着眼于根据不同人才所应当具备的不同素质,如何去有针对性地实施素质教育,探索素质教育的新模式。

(二)素质教育的内涵

从一开始,素质并不是指狭义的生理禀赋,而是具有丰富内涵,涵盖了生理、心理和社会文化等方面的广泛概念。从字面上讲,素质教育是一种以提高受教育者素质为目的的教育模式,它注重人的思想道德素质、能力培养、人格发展、身体健康和心理健康教育。真正的素质教育,目的在于让学生激发个人潜能,各展所长,并培养良好的品格,而并不局限于学术上的才能。通常所说的科技素质教育和人文素质教育均包含其中。

在高等教育领域,素质教育是作为纠正大学生文化素质薄弱、专业面窄、适应性弱等弊端,探索与社会发展相适应的新型高级人才培养内容。在基础教育领域,作为改革"应试教育"和减轻学习负担的举措,旨在解决应试教育中"一切为了考试"和"分数决定一切"的问题,促进学生在德、智、体、美、劳等各方面得到全面发展。

高等教育与基础教育相比,教育对象的身心特点以及教学任务和人才培养要求等方面有着很大的不同,这就决定了大学生素质教育与基础教育中的素质教育在教育内容上存在一定差异。从理论上来讲,高等教育是一种专业教育,融入素质教育的理念,现代大学中的专业教育应该是一种以专业教育为载体、以培养适应社会经济发展高级人才为目标的素质教育。

在改革和发展的过程中,一些现有的素质教育模式由于引自国外的教育模式,与中国国情和国内教育实际并不完全相适应。同时,一些自己建立的素质教育模式又没有摆脱应试教育的影子。在培养的过程中,也应该按照所属学科和专业的特色和需求来培养人才,一方面肯定素质教育是人才培养的必由之路;另一方面,不同的教育层次和不同的学科专业,都应当探索适应自身人才培养的不同的素质教育模式。

（三）素质教育的特点

1. 素质教育的全体性

素质教育必须面向全体学生，使每个学生都具备新一代合格公民应具备的基本素质。素质教育的总体要求，既要使每个学生在原有的基础上都能得到发展，又要使每个学生在基本素质上达到社会所要求的合格标准，使每个学生都能成为合格的毕业生。

2. 素质教育的全面性

社会发展需要人的综合素质，而不是人某一方面的素质。因此，开发人的素质也具有完整性。素质教育既不是为升学做准备，也不是为就业做准备，而是为人生做准备，即为人生打下基础的教育。

3. 素质教育的发展性

素质教育的发展性意味着素质教育重视学生潜能和个性的开发。每一个人都有潜力，教师要相信每一个学生的发展潜力。教师应该创造条件，激发学生的无限创造力和潜能，让每个学生都有机会在他所擅长的领域充分展示和发展自己的才能。

4. 素质教育的主体性

从根本上说，素质教育的主体性是教师在教育教学过程中应尊重学生的主体意识、自主性和创造性。教师应该给学生以学习的主动性，在教育教学过程中，教师要善于激发和调动学生的学习积极性，教会学生学习，让学生有自主学习的时间和空间。

5. 素质教育的开放性

素质教育涉及学生的全面发展，教育内容大大拓宽，相应的教育空间和多元化的教育渠道适应了素质教育的需要。因此，从素质教育空间和教育渠道的角度来看，素质教育已不再局限于学校、班级和教科书，而是更具有开放性。素质教育的开放性要求意味着拓宽原有的教学空间，建立学校教育、家庭教育和社会教育相结合的真正的教育网络；同时要求拓宽原有的教育渠道，建立学科课程、活动课程和潜在课程相结合的课程体系。

二、人文素质教育

人文素质教育，在国外也叫人文教育，它既是丰富多彩的人类教育活动的一个组成部分，一个具有特定内容的专门层面，也是教育的基本内涵和真正的本质所在。仅就其作为教育之一个组成部分的特定意义来说，人文素质教育是对个体人文素质的养成过程进行积极引导和自觉干预与控制的一种社会活动或行为。这种社会活动或行为采用的具体方式方法是多种多样的，起先这种教育没有固定的组织形式和操作模式，一般以族群、家庭和各种社会教育等形式出现，后来才发展为以高度组织化的学校教育方式为主渠道的专门化教育。当然，即使是在以学校教育为主渠道的情况下，个体人文素质的养成同时也会受到家庭和社会等的影响。专业人文素质教育主要是通过传授人文知识和环境熏陶等，将一个人的人格、气质和修养内化为一个相对稳定的内在品格和素质的过程，其根本目的是提高受教育者的文化素质、理论素养和道德情操，使他们学会和懂得做人，成为一个全面、完整的人。从这个意义上来说，人文素质教育实质上就是做人的教育，而做人的教育正是教育的终极目的。因此，人文素质教育体现了教育的初衷和本质，既是人类教育的重要组成部分，又是教育活动的内在灵魂和核心价值之所在。

（一）人文素质教育的内涵

人文素质教育，就其基本内涵而言，就是通过知识传授、环境熏陶、自我反思等多种教育方式，将所有自然科学和社会科学的优秀成果传递给个人，使之内化于个体的思想之中，培养个体独特的气质、修养、品德和素质，并将其具体化到具体行为的教育过程中。具体而言，人文素质教育是传递人文知识、塑造人文精神、体现人文行为的教育过程。

人文知识的传授是人文素质教育的基本内容。人文素质是以人文知识为载体的，人文素质教育必须通过知识传递的过程来实现。随着现代教育的发展，知识的传递不再是教育的唯一内容，但它仍然是最重要的途径和内容。同样，人文素质的提升依赖人文知识的传递和内化。因此，有学者将人文素质教育视为以人文知识传授为基础的教育过程，认为人文素质教育可以概括为人文教育和艺术教育两大基本范畴。人文学科的知识领域包括哲学、历史、语言学、文学、心理学、艺术、宗教、考古学等，艺术教育的知识领域包括诗歌、音乐和戏剧的阅读和欣赏。因此，人文素质教育需要以人文学科教育与艺术教育相关知识的传递为基石。虽然这样的说法未必完整与科学，也并没有得到大家的一致认同，如更多的人主张从显性人文知识和隐性人文知识等不同角度概括人文知识；但是，人文素质以人文知识为基石，必须以学习人文知识为途径来促进人文素质的提高，这一观点毋庸置疑。

塑造人文精神是人文素质教育的根本目标。作为人文素质教育的基础，人文知识转移是为了提高素质教育奠定知识的基础和背景。人文素质教育强调的是质量而非知识，这清楚地揭示了在知识传播的基础上进行精神塑造的重要性。如果我们只有丰富的人文知识，却不能形成人文素养，那么知识与行为之间就永远无法达到知行合一，二者始终处于分离的状态。也就是说，知识不能内化为内在的同一性，人文素质教育的根本目标也不可能实现。因此，人文素质教育必须包含人文精神塑造的内容。一些学者为了强调塑造人文精神的重要性，认为人文素质教育是以培养人文精神为核心目标，以强调人性教育和提高个性为目的，注重实现和促进个体身心和谐发展为培养目标的人文素质教育。换言之，人文素质教育，就是培养人文精神的教育。它通过传递人类积累的智慧、精神、本质和经验给后代，使人们能够洞察生活，改善思想，净化灵魂，理解生命的意义和目的，找到正确的生活方式。因此，人文精神的教育和培育是人文素质教育之中心要义。

人文素质教育是素质教育的一个方面，不仅体现在思想理论上，而且应该转化为自觉行为。因此，人文行为的外化过程也是人文素质教育的重要组成部分。行为是人类思想的呈现，思想主导行为，人文精神的塑造正是人们在进行社会实践或价值行为选择时有意识地选择人文行为的根本目的，展现文化品位和文化修养，促使内在的人文知识和内在的人文精神的同一性得以具体和现实的呈现。这种行为对整个社会和实践活动的影响更为深刻，因此，人文行为的外化是人文素质教育的重要目标。人文素质教育是指通过各种教育形式，引导学生在自身修养的基础上进行相应的实践活动，并通过个体的人将人类优秀的文化成果转化为自身的经验，沉淀成扎实的人文科学基础知识、良好的社会心理与文化修养，树立人文精神，塑造完美人格的教育活动。

人文素质教育，从终极意义上说，是将人文素质外化为人文行为的教育活动。

人文知识的转移、人文精神的塑造和人文行为的外化是人文素质教育的重要内容，三者之间的关系是内在的。只有人文知识的积累才能有助于人文精神的确立；只有人文精神的确立才能有效地产生获取人文知识的内在动力；只有树立人文精神，才能将人文精神具体化为人的自觉的人文行为，人文行为的实施需要内在的人文精神的引导。由此可见，这一系列的教育过程是实施人文素质教育的系统的、统一的过程。

（二）人文素质教育的内容

一般而言，现代人文素质教育包括历史文化教育、个人品格教育、心理健康教育、创新意识教育以及社会责任感教育等。

人文素质教育就其基本内容来说，就是通过各种教育方法，通过知识传授、环境熏陶、自我感知等方式将人类自然科学和社会科学的优秀成果传递给个体。通过自我发展和内化培养个人独特的修养，并将其具体化为具体的行为，是一种教育过程。具体而言，人文素质教育是传递人文知识、塑造人文精神、体现人文行为的教育过程。目的是使受教育者能够正确处理人与自然、人与社会、人与人的关系，并加强自身的理性、情感、意志等方面的修养，使被教育者既有学识又懂得如何做人。

人文素质教育可以划分为人文学科教育和艺术教育两大类。哲学、历史、语言学、文学、心理学、艺术、宗教、考古等，都在人文学科知识领域之内。艺术教育则包括诗词歌赋的阅读与欣赏、音乐和戏剧的欣赏等。因此，人文素质教育需要以人文学科教育与艺术教育相关知识的传递为基础。

人文素质教育强调的是质量而不是知识，这清楚地揭示了在知识传播的基础上塑造精神的重要性。如果我们只有丰富的人文知识，却不能形成人文素养，那么知识与行为之间就永远无法达到知行合一，二者始终处于分离状态。也就是说，知识不能内化为内在的认同，也不能实现人文素质教育的基本目标。因此，人文素质教育必须涵盖人文精神塑造的内容。有学者将塑造人文精神作为人文素质教育的重要组成部分，提出人文素质教育是培养人文精神的教育，其目的是强调人性教育，完善人格，培养和促进个体身心和谐发展。它通过向下一代传授人类积累的智慧、精神、本质和经验，使人们能够洞察生活，改善思想，净化灵魂，领悟生命的意义和目的，获得对正确生活方式的认知。

以人为本的理念将人文素质教育与人的全面发展的发展目标紧密地联系在一起，人文素质教育是现代人才培养的核心组成部分，尤其是在当代中国特色社会主义建设进程中，人文素质教育占有十分重要的地位。

第二章 人文素质教育的现状及发展

第一节 对我国高校人文素质教育的思考

教育部自20世纪90年代中期就开始倡导素质教育，此后，教育部又推出了一系列有关高校学生人文素质教育的措施，并认为，我国的高等教育应把人文素质教育当作重要的构成部分。很多教育界人士也一再呼吁学校和社会要重视对大学生文化素质的培养和教育。我国在"十一五"期间就已经提出了素质教育的主题，其中的重点就是要加强对于人文素质的教育。本节主要就如何推动高校大学生的人文素质教育展开研究和探讨。

一、人文素质教育的主要内涵

所谓"人文"，可以指传统的礼教文化，也可以指相对于自然来说的人和事。所谓"素质"，现代普遍的观念认为其包含了人的体质、品质和素养三个重要方面。而所谓的"素质教育"是指运用科学的教育方法，把人的天赋和社会层面有机地结合起来，以全面提升个体的综合素质，从而实现人与社会的和谐统一，促进人的全面发展，进而达到提高素质水平的最终教育目标。简言之，素质教育指的就是把人的素质提高作为重要内容和最终目标的教育，主要包含了生存素质教育、自然素质教育和人文素质教育三大类。其中人文素质教育是所有素质教育中最重要的内容，属于素质教育的最顶端。人文素质指的是人们所具备的人文方面的知识、能力、品质和意志情感等多方面的综合素质，强调个体的内在气质和修养。人文素质教育主要是培养人的文、史、哲、艺等多方面的知识修养，从而在正确的行为态度的指引下，以崇高的道德感来实现人性的真正完整，其最终目标是培养崇高的人文思想和人文精神。从人与自我的关系来讲，人文教育要让人体会到自我价值的重要性，树立远大的人生理想；从人与他人的关系来看，人文教育要让人懂得乐于助人的处事原则，并努力追求和建立良好的人际关系；从人与社会的关系来看，人文教育要让人懂得实现社会价值的必要性和重要性，具有顾全大局的奉献精神，为社会服务和造福；从人与自然的关系来讲，人文教育要使人懂得尊重自然的必要性和重要性，积极保护我们赖以生存的自然界。

（一）人文与大学生人文素质

什么是人文？目前人们的理解并不一致。在我国古汉语中，"人文"是与"天文"相对的一个词，较早见于《周易》："刚柔交错，天文也；文明以止，人文也。"译成白话文是：日月星辰交互运行于天，即"天文"（天的文饰），亦即天道自然规律；以文明使人止于应有的礼数，即"人文"（人的文饰），亦即社会生活中人与人之间的伦常秩序。显而易见，人文是指区别于自然现象及其规律的人与社会的事务。在西方，没有"人文"一词，只有"人文主义"。人文主义源于欧洲文艺复兴时期，指的是与宗教神学相对的、以人和自然为对象的整个世俗文化，其内涵与中国古汉语中的"人文"是有区别的。我们讲的人文素质教育，应该说是取自我国传统文化理解的"人文"含义。根据对"人文"一词的历史考察，笔者认为，加强大学生的人文教育，首先应该是指加强文学、史学、哲学、道德、艺术等以人为关注对象的课程教学。这些课程被人们通称为"人文课程"或"人文知识"。学生学习这些课程后，如将其中阐述的信仰、理想、价值取向、人格模式、审美情趣等贯穿到自己的行动中，做到知行合一，就形成了"人文精神"。在人文精神方面的修养水平，就是所谓的"人文素质"。高校人文素质教育的任务，就是通过人文知识的传授、环境的熏陶以及学生自身的实践，将人文精神内化为学生相对稳定的内在品质。

（二）人文与科学的区别及联系

人文是不是科学？人们常常习惯于把人文与科学并成一个概念，称为"人文科学"或者"人文社会科学"。笔者认为，这种混为一谈的叫法是错误的，人文与科学是两种不同形式的文化，二者至少存在这样一些区别：第一，就主观与客观的关系而言，人文的任务是塑造人的内心世界和调节人际关系，以及表现自我，具有主观性；科学的任务是揭示事物发展的客观规律，探求客观真理，自我被排除在外，具有客观性。第二，就内容而言，人文的内容是人认识自己，它所要解决的问题是区分人性的善恶，主要是一种价值体系和伦理体系；科学的内容是认识外物，它所要解决的问题，是辨别事物的真假，是一种认识体系和知识体系。人文重视传统的维护，科学强调突破传统、贵在创新。第三，就评判标准而言，人文是以直觉为主导的情感文化，只能通过各人的价值判断能力去感悟善恶、美丑，难以做出事实的判断；科学是以理智为主导的理性文化，可以经受实践的检验和逻辑的论证。人文把圣贤和英雄人物作为学习的榜样，而科学只追求真理，不崇拜任何偶像。第四，就功利性而言，人文是一种人格模式和思维方式，进行人文修养的目的，旨在丰富人自身的精神世界，不是为了追求功利；科学是一种手段和工具，进行科学研究的目的，旨在运用知识，增强人认识世界和改造世界的能力，具有明显的功利性。依据这些区别，不难发现，目前有些院校名为加强学生人文素质教育，而开设的选修课中，有些实际上仍是科学教育课，不能算作人文课程。

　　人文和科学存在诸多区别，但二者也并非完全对立。特别是作为科学领域一大类的社会科学，更是与人文存在难以分割的联系。社会科学是以社会现象为研究对象的科学，其任务是研究并阐述各种社会现象及其发展规律。人文是一种社会现象，所以，人文是社会科学研究对象的一部分。不同的人文现象形成了各种社会科学门类。例如，文学艺术是人文，古今中外的小说、诗歌、散文、音乐、舞蹈、书法、绘画、雕塑、戏剧、电影等等，当然不是科学，但是，以它们为研究对象的文学史、文艺理论、文艺批评、戏剧史等等，则是社会科学；又如历史，本是对过去发生的事实的记载，当然也无所谓科学或不科学，但是，以历史唯物论观点去分析历史，从中揭示历史发展的客观规律，则又是一门社会科学；再如哲学，研究的基本问题是思维和存在的关系问题，它本身不是科学，但是以哲学为研究对象的哲学史则是科学。如此看来，人文是社会科学的研究对象和哲学基础，离开了人文，许多社会科学就不能存在和发展。至于说人文精神对科学领域的渗透，则比人文知识更为广泛，不仅是社会科学，即使在自然科学中，也无不蕴含着深邃的人文精神。

（三）人文与马克思主义的关系

马克思主义与人文和科学比较起来，其地位要特殊一些。马克思主义是在继承前人创造的一切优秀文化遗产的基础上建立和发展起来的，它当然没有排斥人文，而是将人文内含在自己的思想宝库之中。马克思主义绝不仅仅是一种人文。它不仅要求人们知性反省，更主要的是揭示事物发展的客观规律，探索客观真理，指导人们改造客观世界和主观世界，因此，我们说马克思主义是一门科学，通常的做法是把它归为社会科学。同时，马克思主义与一般的社会科学又有区别。与政治学、经济学、军事学、社会学、法学、史学、教育学、文艺学、语言学等一般社会科学学科比较起来，它至少有这样两个最显著的特点：一是鲜明的阶级性，它是全世界无产阶级革命斗争经验的总结，是指导无产阶级推翻资本主义、实现社会主义和共产主义的强大思想武器，这种极其鲜明的阶级性是任何社会科学所不具备的，正因此，人们总是习惯地把马克思主义课称之为"政治课"；二是彻底的科学性，社会科学自古有之，但是在马克思主义出现之前，实际上从未产生过完整的、真正发现了社会发展的客观规律性的社会科学，只有马克思主义产生以后，有了辩证唯物主义与历史唯物主义的哲学基础和剩余价值学说的重大发现，才使人们能够对社会历史的发展做全面的、历史的了解，把对于社会的认识变成了科学。在今天，我们进行任何科学的研究，都离不开马克思主义立场、观点和方法的指导。马克思主义是一种世界观，是一种方法论，是用以武装科学研究工作者头脑的科学。

二、加强大学生人文素质教育的必然性

（一）加强人文素质教育是高校和高等教育界必须正视的课题

我国目前的高等教育要普遍提高大学生的人文素质和科学素质。高校要开展和加强人文素质教育，必须了解先进文化的内涵，并探索出发展先进文化的途径。因此，高校开展人文素质教育与发展先进文化是一致的。否则，人们在享受先进成果的同时，也会遭遇严重的道德缺失和落后的人文精神。

（二）加强人文素质教育是帮助大学生树立正确的世界观、人生观和价值观的需要

高校应帮助学生树立起正确的世界观、人生观和价值观，促进大学生的身心得到全面发展，需要打好学生人文素质教育的基础。从古至今，任何教育都离不开人文精神的作用，可以说它是教育的高级目标，人的思想升华必须通过有效的人文教育来完成，从而正确引导人们的价值观念，在传播知识的同时，也使人们的精神世界焕然一新。

（三）加强人文素质教育是培养大学生创新意识和创新能力的需要

在当前科技不断更新、社会快速发展的时代，要培养大学生的创新精神，必须加强人文素质教育。可以通过历史的经验教训来指导学生的求学过程，通过哲学的哲理来启发学生的智慧，通过文学艺术来提高学生的思维能力，激发他们丰富的想象力。因此，我们要充分发挥人文素质教育深厚的文化功能，激发学生的创新思维，完善学生的逻辑思维和形象思维能力，创造一个有利于培养创新人才的人文环境。只有这样，高校教育才更具活力和吸引力，才能为人文素质教育打下良好的基础。

现代教育应该特别重视"以人为本"的教育理念，不仅让学生学到必备的专业知识和技能，更要培养学生的自我意识、完善的人格特征和正确的世界观、人生观和价值观。通过建立和谐的人际关系，学生可以正确定位自己，实现自我价值和社会价值的有机统一。这样的教育才会培养出综合素质过硬的人才。因此，我们必须加强大学生的人文素质教育。

（四）提供人文素质教育是适应学科发展的需要

科学的发展，一方面是原有学科分工越来越专业化，新兴学科不断涌现；另一方面，学科的交叉渗透，特别是自然科学和人文社会科学的综合化趋势越来越明显。美国国家工程院前院长奥古斯丁称现代工程学已进入一个社会工程时代，他认为21世纪工程师面临的许多巨大的挑战，都是起因于非工程因素。他说，现在的工程里有不同学科的综合，要求工程师善于研究跨学科的难题，并能取得突破。为适应这种学科交叉、文理渗透的发展趋势，培养能够综合创新的复合型人才，已成为国际教育改革的新潮流。英国剑桥大学的专家说："现代世界理科和文科的裂缝必须用人文科学来黏合。"因此，

笔者认为在高校教育上实现自然科学、工程技术同人文社会科学的融合，自觉而有效地帮助理工科学生开拓人文社会知识领域，帮助文科生开拓自然科学和工程技术领域，并提高相应的素质是十分必要的。所谓大学的综合性，不仅体现在设立了多方面的学科，更体现在学科及人的素质的交叉综合上。

三、加强大学生人文素质教育的有效措施

（一）明确人文素质教育在大学教育中的重要地位

人文素质教育是将人类优秀的文化成果通过知识传授、环境熏陶等途径，使其内化为人的气质、修养程度、形成人格的过程。人文素质是人在社会化过程中即自我完善的过程中起支配作用的核心素质，它在教育过程中自然也应处于核心地位。当代文化教育学的创始人斯普朗格提出："教育绝非是单纯的文化传递，教育谓之为教育，正在于它是人格心灵的唤醒，这是教育的核心所在。"强调教育的重要使命是培养人性、塑造健康完善的人格，这也是人文素质教育的根本和宗旨。美国芝加哥大学前校长赫钦斯也提出："教育的目的不是在发展人力（manpower），而是在发展人道（humanity）。"高校在传授给大学生专业知识的同时，重在进行精神引领和人格教化。因此，大学应该将人文素质教育置于整个教育目的的核心地位，把人文素质教育作为一种教育理念，贯穿于高校培养人才的全过程。学校依靠自己的组织、控制机制，通过教学管理和行政管理、教职工队伍建设、资源建设等各方面通力合作，将人文素质教育落实到日常教学管理和各种教学活动之中。

（二）改革课程设置

我国高校应尽快改革当前的课程设置，有计划地开设并实施人文社科类课程，可以根据学生的不同需求和实际情况，把人文社科类课程设置为必修课或选修课，加强课程的针对性和全面性，以科学合理的教学内容使学生乐于学习和接受。同时，对于高校重要必修课的"两课"，即马克思主义理论课和思想品德课，高校教师要强化这两门功课对于人文素质教育的基础作用，充分发挥"两课"带动人文素质教育的步伐。因此，高校必须加快课程改革的步伐，尽快建立一个科学可行的人文素质教育体系，使学生不仅能够学到专业知识，更能锻炼个人的性格修养，从而成为"为做人而学"的高素质人才。

（三）加强高校师资队伍建设，充分发挥教师的先锋作用，从而营造出和谐的师生关系

教师是高校实施人文素质教育的主要力量，我们必须加强教师的人文素养，合理提高人文社科类课程的比例，将文化因素融入于各门功课中去，使得人文精神能够通过教师彻底地渗透进教学的各个环节和过程中。因此，当代的大学教师不仅要传道授业解惑，更要以身作则，以正确的价值观念和崇高的人文修养去影响和感染学生，让学生学会专业知识和技能的同时，更学会做人做事。因此，高校目前的任务就是要尽快从质量上抓师资队伍建设，尤其是对于中青年教师更要重点培养和提高，全面提高教师队伍的人文素质水平。

提高教师人文素养。教师是实施素质教育的关键因素，人文精神的塑造主要来源于教化，通过内在教化作用于人的情感状态，在潜移默化中改变人的价值取向，影响人的情感、气质、性格、胸襟等。大学教师担负着塑造大学生理想人格、培养正确的价值观和健康心智的重要使命。加强教师的人文素养是提升大学生人文素质水平的前提和基础。教育部提出高校加强素质教育要做到"三个提高"：提高大学生的文化素质，提高教师的文化素养，提高大学的文化品位与格调。首先，大学教师必须转变人文素质教育是社科教师的职责的观念，加强自身的人文素养，从本专业出发，自觉学习。比如通过自修的方式，读一些由著名科学家写成的人文与科学精神紧密结合的文章，作为向导，促使思考，同时积极结合本专业中的具体问题，开展人文素质的研究工作，不断提高自身人文素养。其次，在教学过程中，把人文素质教育渗透到教学的各个环节，使知识教育和人文教育、科学精神与人文精神高度融合。在教学中教师将自己有关人文研究的成果和知识引入对具体专业问题的分析中，将理性教育和感性教育相结合，以启发式的教学、心理辅导和心灵教化等现代化教育方式，阐释不同学科与人类社会发展的密切联系，不仅传授学科的专业精神和学术要义，还通过率先垂范、言传身教，展现科学知识范围以外的亘古不变的人性、人情、真理，使一个具有专业知识和技能的人同时具有高尚的人品、强烈的社会责任感和坚实的人文素质。著名国学大师季羡林先生最广为人知的并不是他高深的学术造诣，而是他身上秉承的传统的人格理想和古典的美学精神，他代表的中国知识分子的精神和良知，深

深感染着当代大学生的心灵。就高校而言，大学要积极推进教师人文素质的提高，组织教育者的再教育，通过多种途径，如请名流大师讲学、组织观摩课、以老带新等方式提高教师的人文修养，使大多数教师具备人文教育的能力。同时建立科学的教学质量评价体系，将人文教育纳入其中，也可以开展人文素质教育研讨会，提高教师对人文教育重要性的认识，进而转化为自觉的行动。

（四）优化校园人文环境，建设文化校园，充分发挥校园文化的功能

每个人的成长都离不开环境的影响，学生若能在健康浓郁的人文环境中学习和成长，则会逐渐提高自身的修养和品位。人文素质水平是人内在的品质，是内化了的性格和气质。对于这样一个内在的东西，我们必须通过文化元素来培养和加强。从"硬件"设施来说，我们可以建设一些名人塑像、纪念碑和语录牌等物质性的人文景观来创设一个良好的人文环境，还可以通过加强校园内外部环境的建设，为学生营造一个健康美丽的大学校园，使学生身心愉悦。从"软件"方面来看，我们要加强高校的校风和学风建设，不断提高学校的文化品位，努力建立一种平等、民主和具有浓厚人情味的人际关系，使大学生在一种团结奋进、积极向上的校园文化中，亲身体会到大学校园的丰富多彩和积极向上，从而获得强大的人文精神。

大学不仅有浓郁的学术文化氛围、恬静的人文治学环境，还拥有丰富的历史文化典籍和多样化的知识资源。浓厚的文化气息和学术气氛是良好的校风、学风、教风的外在表现，它将对学生性情的陶冶、境界的提升、情感的升华等起到潜移默化的作用，学生生活在其中，耳濡目染，其人生追求和思想品格会不断提升。校园文化建设作为大学课堂人文素质教育的课外延伸，灵活、自由、开放，具有课堂教育不可比拟的优越性。各高校根据历史发展和办学特色营造具有自身特色的人文氛围，是实现高校人文素质教育引导和文化启迪的主要形式。清华大学古朴典雅、求实严谨，北京大学自由开放、兼容并蓄，这些百年老校在历史文化积淀下形成了稳固而特色鲜明的校园文化氛围，大学生浸润其中，终身受益。具有特色鲜明的校容校貌、有独特内涵的校徽校训、校园标志性建筑、优雅的人文环境等是高校人文氛围的外化表现形式，除此之外，开展各种丰富多彩的校园文化活动、成立大学生社团

组织、举办内容丰富的人文讲座等，都能创造独特的人文环境，展现学校独有的人文历史文化和精神风貌，给大学生美的熏陶。华中科技大学作为一所以理工科为主的高校，近年来以人文教育和科技教育相融合作为办学指导思想之一，广泛开设人文社会科学选修课，每年举行"中国语文水平达标考试"，举办人文讲座和自然科学讲座，出版了《中国大学人文启示录》，开展了形式多样、内容高雅健康的校园文化、科技、艺术活动，形成了特色鲜明的校园文化氛围。清华大学每年在本科生中开展大一外语强化训练暨外语文化月活动，创造了提高学生语言能力的新途径；有关外国音乐、风土人情、社会习俗、历史等方面的各种讲座，以及百科知识竞赛、英文歌曲比赛、演讲比赛等，也使学生多方位地接触和了解了异国文化，在不同程度上提高了学生的跨文化交流意识与能力。

（五）强调人文素质教育中学生的主体作用

由于人文素质教育的受体主要还是学生自身，因此，人文素质教育的效果如何，最根本的还是取决于学生自身，我们必须及时转变学生的学习观念，使其具备积极乐观的心态去自觉主动地接受人文素质教育，通过理论与实践的有机结合，形成其内在的品质和潜力。此外，高校还要注重学生时期的实践活动的作用，有计划有目的地组织学生到一些实践场所进行锻炼和观察，在现实生活中进行更深层次的自我教育和启发，通过这些亲身经历和感受增强学生的社会意识和使命感。这些极具风俗民情的社会实践活动所进行的人文素质教育，将会达到其他任何一门功课所无法比拟的效果。此外，我们还可以通过加强对于人文素质教育的研究工作，进一步推进该教育的学科化进程，使得人文素质教育具有全新理论的指导和启发，在更大程度上适应新时期和新形势的发展要求，基于我国高等教育的特殊国情，有选择地借鉴和学习国外先进经验和理论，创造出一套具有中国特色的科学可行的人文素质教育理论体系。

（六）高校要进一步加强和推动我国的人文素质教育，就要全方位地建立一个适应大学生人文素质教育的保障体系

首先，政府要充分重视对于传统教育体制的改革，在制定文件政策之前就要对现实情况进行充分的调查研究，并鼓励高校勇于借鉴成功经验，建立

一套科学可行的人文素质教育体系，并通过立法的形式使得这些课程体系得到真实有效的落实。其次，高校要组建人文素质教育的教学团队和研究人员，根据时代的要求制定出适合当前大学生人文素质教育的教学目标和教学内容，使得人文素质教育具有针对性、导向性和发展性。高校要真正落实人文素质教育，还要保证经费的充足，这就要求国家和高校都要重视人文素质教育的经费预算和实际投入数额等。最后，高校还要建立一套完整的人文素质教育的评价体系，通过科学可行的评价内容和评价手段来使学生的知识、能力和素质得到协调发展，并通过具体的社团活动等来丰富学生的人文生活，从而真正提高学生的人文素质。

（七）营造家庭的人文教育氛围

我们常说，父母是孩子的第一任老师，可见家庭的作用是非常巨大的。因此，我们还要重视营造家庭的人文教育氛围，使家庭具备科学的人文教育理念，使学生除了在学校接受人文素质教育外，回到家里仍然投入具有人文气息的家庭生活中去。应该说，一个人的家庭生活是否健康，是否人性化、合理化，会直接影响到学生的身心健康和人文素养。高质量的家庭生活必定会为学生养成良好的人文素养提供必要的生理和心理基石。因此，如果想要培养学生的人文素质，就必须充分重视家庭和家长的作用，让家长充分意识到自己言行举止的重要性，努力为孩子营造出优良的家庭文化氛围，培养孩子正确的价值观、生活观等，使学生在和谐温暖的家庭氛围中体验到家庭人文环境。

（八）引导大学生加强人文素质自我教育

大学精神应该是平等的多元意识、理性的科学态度、自由的个性发展，以及非功利的价值追求。在大学生心理、智力、价值观和人生观树立的重要时期，大学教育无法回避人的心灵需求、人生目标、人生意义和价值观等领域的东西。大学有义务引导大学生认识到人文素质对自身发展的重要性和潜在影响。各高校应深入开展素质教育理论研究，探索富有特色的文化素质教育的实现途径，积极创造条件发挥学生社团的作用，开展丰富多彩的校园文化和社会实践活动，鼓励大学生按照自身内在的需要去塑造自己、发展个性、重塑人生理想，规划未来，建构自己健全的人格和意义世界。让大学生主动认识到人文精神的价值和力量，让高尚的人格和良好的素养成为每一个当代大学生的人生理想和终极追求。人文素质教育方法是多角度、多方位、多渠道、多种形式的。目前，高校人文素质教育还处于探索阶段，人文素质教育本身是复杂的、多元的、长期的，还没有形成统一的模式和评价标准，但人文素质教育也是有规律性的。它是一种综合教育，是一个复杂的系统工程。它的实施是全方位、立体、开放性的过程。它的成功与否取决于能否整合各方面的教育力量，能否协调教育者和受教育者之间的关系形成良性互动。当前，我国正努力建设社会主义和谐社会，和谐的社会必然要求具备和谐的人文精神的大学生去创造，在这一历史背景下，大学生人文素质教育的历史意义显得尤为重要。

总而言之，对于 21 世纪的高等教育来说，进行切实可行的教育改革是迫切的任务。其中，加强人文素质教育是个重大的课题，对于国家、高校和学生来说，都具有很大的必然性。因此，在这样一个以追求素质教育为主要目标的时代，我们的高校必须从中国国情出发，把握住学生的自身特点和需求，努力推动大学生的人文素质教育进程，使大学生在学到科学知识的同时学会做人、做事，最终成为具有高尚人文素养的新时代人才。

第二节　大学人文素质教育的重要性

在大力推进素质教育的今天，对大学生的人文素质教育也日益引起人们的关注与思考。这对于中国高等教育而言，既充满了严肃的理性思辨，也具有重大的实践意义。大学生作为实施素质教育的对象，对其人文素质的培养更应引起高度关注和重视。

一、全面理解人文素质教育的丰富内涵

（一）人文素质教育的概念界定

人文，是指与人类社会有直接关系的文化，一般把文学、历史、哲学和艺术等统称为人文学科。人文素质，是指人所具有的文、史、哲和艺术等人

文学科的知识以及由这些知识系统反映出来的精神在心理上的综合体现。人文素质包括人文知识修养和人文精神两个方面。人文知识修养，是指通过学习获得的比较系统的文、史、哲等人文学科和艺术的知识；人文精神，是指通过各种人文学科知识的吸收而形成的价值观、道德、气节和思维方式。人文素质教育，是以人类优秀文化成果为内容，以提高教育对象内在气质，培养其健全人格，塑造其美好人性为宗旨的教育，是一种需要外在启迪陶冶和内在省悟修养的复杂而有机的教育活动。

（二）人文精神与科学精神的关系

人文学科是守护精神家园的学科，它赋予我们的行为以意义，用价值赋予社会经济发展以精神动力，是我们这个时代"最深刻的需要"（斯坦福大学前校长查理·莱曼）。这种"最深刻的需要"表现为：在市场逻辑起支配作用和科学技术具有巨大张力的时代，一个社会或一个人都会因缺少人文关怀而缺少品味和失去自我，甚至会野蛮和疯狂，而人文学科能赋予社会、世界以方向、目的和意义。在我们的社会中，如果缺少人文的调适力量是不可能实现以人为中心的可持续发展的。人文科学有着久远的历史，在人文科学中包含着"世界上最高的思想和语言"，轻视人文科学就等于轻视人类积累起来的伟大知识遗产。自然科学把握世界的认识方式是科学理性、工具理性和分析理性；人文科学把握世界的认识方式是理解，是审美式理性。如果说自然科学认识活动追求的是"求真"和"合规律性"的话，那么人文科学的认识活动却在人们的直接目的中给以价值的考量，使之"合理性"和趋"善"、趋"美"。人文科学给人以感觉的洞察力，它分担着人类知识能力的一半，从把握世界的方式来看，若抛弃了人文学科就等于抛弃了世界的一半。一个人只有同时具有科学素质和人文素质，他的活动才能体现"合规律性"和"合目的性"的统一、"真善美"的统一。在我们的时代，自然科学、社会学、人文科学只有联合才能解决当今日益复杂和不确定问题，才能为从根本上解决当前中国高等教育的弊端提供有效的帮助。

二、实施人文素质教育的必要性

（一）人文素质是学做人的基础，人文教育是"做人学"

中国科学院院士周光召先生说："教育的目的首先是教会做人，做一个大写的人，一个不仅有谋生技能、能享物质生活的人，而且同时做一个有高尚道德的人，一个脱离低级趣味的人，一个追求智慧和真理的人，一个有创新思维和坚强性格的人，一个不断促进社会和人类自身进步的人。"

教育学生学会做人是我们德育工作的根本任务。学会做人必须以人文素质为基础，因为人文科学体系既是一种知识体系，也是一种价值观体系。人文学科关系到一个社会的价值导向和人文导向，关系到一个民族精神的塑造，关系到一个民族的生命力、创造力和凝聚力。国际上一些知名学者早就发出警告：如果忽视或者轻视人文学科，必然导致整个民族精神和民族智慧的衰退，必然导致整个社会的庸俗化。当今科学技术的飞跃和经济的快速发展，一方面给社会的进步和发展以强大的动力，另一方面也带来了一系列的社会问题——人口问题、贫富差别问题、环境与生态问题、资源问题、道德伦理问题等，这些全球性的"社会病"严重地威胁着人类的生存与发展。它们不是科学技术和物质财富所能够解决的，因此世界都在关注人类的可持续发展问题和教育上的完整人格培养问题，以至通识教育、全人教育、养成教育成为全世界许多学校教育的新理念，而这些教育都涉及人与人、人与社会、人与自然环境的关系等等。因此，人文素质是一个人的道德修养的基础，是学生学做人的基础。人文教育应当作为提高学生思想道德素质的重要手段，也应当作为国家经济发展、社会进步的重要手段。

人文存在的直接意义在于保持传统，一方面表现在保持传统的原则性，另一方面则是促使传统形成一种面对时代发展应有的开放性。人文存在的根本意义源自人的内在精神需求，有了这样一个维度，人才能主动适应纷纷攘攘的外部世界而不至于产生精神、心理上的疏离感，强调传统的根本"功用"也在这里。人文表现为对历史传统的敬畏、对典籍习俗的阐释、对日常生活的倚重、对艺术作品的欣赏、对美德的追求与热爱、对时代精神的弘扬。可见，所谓人文即人之所以称为人的学问，它本身就属于人性修养之学。所谓人文教育就是人性化教育，是通过人文的濡染与涵化使人学会做人的教育形式。因此，我国的人文教育首先应当以中华民族的传统文化为基础，这样才不会失去根基，同时对其他的文化也应采取兼收并蓄的态度，"去其糟粕，取其精华"，引导学生了解和学习世界各民族优秀文化，使我们的人文教育既具有中国特色，又具有鲜明的时代特点。

（二）人文素质教育是创新素质教育的基础

创新素质教育是指在学校教育中对学生进行创新精神、创新能力和创新人格的培养和教育。

首先，创新人格的培养离不开人文教育。素质教育努力塑造智商与情商和谐共融、完善健全的理想化人格。创新素质教育则追求人格发展的和谐性与特异性相统一。所谓人格发展的和谐性，就是注重德、智、体、美、劳诸教育在学生身心发育中的有机渗透；所谓人格发展的特异性，即从事未来创造性工作所必备的独特精神品质，主要包括坚持探索，不随波逐流的独立人格，标新立异、破除条条框框的批判精神，不拘陈见、富于变通的灵活态度，博采众长、吸纳百川的广阔胸怀。人文素质教育的特点就是十分注重感受性和体验性，可以说，文、史、哲、艺等学科都具有感受性和体验性的特点。相对自然科学而言，人文学科的教育对培养人的内化机制，鼓励学生对世界的好奇心、求知欲和探究精神，使创新活动具有深层动力机制起到了更大的作用。人文底蕴越深、视野越宽，融会贯通的能力、再创造的能力才会越强。在这个意义上，可以说创新素质教育在本质上就是一种文化和人格教育。

其次，文化素质教育也十分有利于活跃与完善思维方式，提高思维水平。逻辑思维保证思维的条理性，数学思维保证思维的精确性，实证思维保证思维的可靠性，在这些思维之上的直觉思维则用以保证思维的创造性。而直觉思维同人文教育的启迪、同人的右脑的开发关系甚为密切。爱因斯坦的成就、经历与他自己的体验充分证明了他的一个论述：知识是有限的，而艺术开拓的想象力是无限的。众所周知，他是位物理学家，又十分喜爱小提琴，是物理给了他知识，艺术给了他想象力。知识是有限的，想象力概括着世界的一切，是无限的。没有想象力，就不可能有创造性，而想象力的培养，恰恰需要人文教育。比如，文化素质教育中非常重要的组成部分——艺术教育（如绘画、舞蹈、音乐及文学作品欣赏等艺术活动），不仅能提高人的审美能力，而且对人的智力开发，尤其是人的创造力的开发有着重要的意义。艺术活动通过其形象性、感染性和愉悦性，既能有效地激发人的热情，也能有效地激发人的创造性。艺术活动开发人的形象思维能力，但凡受过良好艺术教育或具有艺术修养的人，皆具有发达的形象思维能力。法国数学家阿达马曾经做过一个调查，结果显示在100位数学家中有98人认为他们的创造性探索是以形象为基础的。因为艺术作品有着丰富的潜在内涵，是一个复杂的、多层次的动态结构，具有激发和调动欣赏主体心理活动的功能，即召唤功能。诺贝尔物理学奖获得者李政道博士认为："艺术和科学是相通的，艺术和科学的共同基础是人类的创造力，它们追求的目标都是真理的普遍性，科学和艺术是一个硬币的两面，这枚硬币就代表了文化。"他认为，越是伟大的科学家，越深深地热爱艺术，从艺术宝库中汲取的养分也越多。艺术活动激发了人的灵感思维，艺术活动能够积累美感经验和提高艺术修养，而美感经验与艺术修养能够以其独特的魅力和潜意识诱发、激活人们的灵感思维。

（三）人文素质教育是心理健康的基础

任何心理问题都不可能是纯心理问题，必然会受到社会环境因素的影响。但环境本身并不能使人们快乐或不快乐，人们对周围环境的反应才能体现自身的感受。同样，这种对环境的反应取决于一个人的人文底蕴。近年来，我国大学生的心理疾患发病率呈上升趋势。就我们最近几年在大学心理咨询中所接触的问题来看，当今大学生中普遍存在的心理障碍包括学习障碍、情绪障碍、交往障碍、性心理障碍和人格障碍等等。这些数据和现象不得不引起我们每一位教育工作者、学生本人，乃至社会各界人士的关注与深思：这些学生的身上究竟缺少了什么？笔者认为，他们缺少的是对挫折的承受能力，对现实社会的适应能力，对情绪的自我调节、自我解脱能力，以及对自我正确认识、分析的能力。

提高学生整体文化素质是实施心理健康教育的一项重要措施，因为文化素质是学生身心素质发展的基础。一方面学生可以通过学习文、史、哲、艺等人文社会科学和自然科学知识，正确认识人与自然、人与社会、人与人的关系，懂得生命存在的价值，从而爱惜生命，注重身心健康；另一方面可以提高学生的精神境界，培养学生科学的思维方法和生活方式，使他们能够正确认识种种矛盾，从而产生实现理想的顽强毅力和百折不挠的奋斗精神。而这种毅力和精神正是一种可贵的心理品质。因此，要真正培养学生健康的心理素质，也必须以文化素质作为支撑。

三、实施大学人文素质教育的途径

大学人文素质教育是一个复杂的系统工程，需要学校、社会、家庭等各方面的教育形成合力，持之以恒，常抓不懈，才能有所收获。仅就学校教育而言，应该着重做好以下几方面的工作：

（一）转变教育观念

教育价值观念的变革是实现人文素质教育的关键。现代社会的发展要求教育不但要授人以"才"，而且要成人以"性"。要造就"和谐发展的人"，就要改变那种单纯注重传授知识的教育观念，建立一种"通才教育观"或"通识教育观"。"二战"后，美国教育界针对国内的教育弊端，提出实施"通才教育"的主张，他们希望通过这种教育兼顾"专业"与"教养"，使受教育者既掌握专业知识，又通晓人生事理。在当代，各国为使教育适应未来发展的需要，都在更新教育价值观念，这种观念的实质正是注重科学素质和人文素质的统一。而今，中国的高等教育要"面向现代化，面向世界，面向未来"就必须摒弃与社会的要求相去甚远的陈旧、错误的观念，使中国的高等教育实现科学教育与人文教育的有机结合，以培养全面发展的人为目标，为社会造就有用之才。

（二）优化课程体系，强化学科渗透

课程是让学生获得系统人文科学知识的主要渠道。各学科除了落实教学大纲外，还要充分挖掘本学科丰富的人文内涵，制定出加强人文素质教育的具体目标和要求，在教学中积极进行人文素质教育。同时还应当开设一定的关于人文学科的选修课程。

（三）加强师资队伍建设

教师是教育的主导，担负着教书育人的重任。要想拥有高质量的教育和高素质的学生，必须先拥有高素质的教师队伍。为适应全面推进文化素质教育的需要，首先，不仅要改善和优化教师的知识结构，还要采取切实可行的措施，着力提高教师的文化素质。要把提高教师的文化素养纳入师资队伍建设的规划，定期对教师进行文化素质的培训。要将文化素养作为教师教学质量和水平考核的重要内容，激励广大教师热爱教育，增强他们的使命感和奉献精神，使关心人才的全面成长成为教师的自觉行动。其次，要树立教师的榜样作用，学生人格的构建需要教师人格的示范，"精神要靠精神来支撑，心灵要以心灵来沟通"。另外，人文素质教育强调培养学生的主体意识，独立人格的批判精神，这就需要教师有更为宽阔的胸襟、渊博的知识和宽容的态度。要承认学生个体的差异，允许学生个性的张扬，帮助学生特长的发挥，要为所有的学生提供成才的沃土，与学生建立新型的师生关系。

（四）优化育人环境

注重和风细雨的风气熏陶，构建润物无声的育人环境，在人文素质教育中方能对学生起到潜移默化的作用，引导他们茁壮成长。优化育人环境有"软""硬"两方面的任务。从"软环境"来看，必须抓好校风建设。在校风中起决定作用的是群体的价值观和文化背景。校风的形成不是一朝一夕之功，它是学校精神的体现，是学校历史的积淀、传承和再造。优良校风的形成主要靠学校师生认准目标，齐心协力，经过若干年的努力才能逐渐形成。学校领导作风要正，广大教师教风要端，广大学生学风要严。在一个人心思进、见贤思齐的集体氛围中，学生的身心才能得到全面发展，个性特长才能充分展示。从"硬环境"来看，要不断美化、优化学校的教学、文化和生活场所，抓好校园绿化，让校园绿树成荫，鸟语花香；要搞好校园布局调整，让学生进入校园后爽心悦目，心情舒畅；要重视校园文化建设，"让每一堵墙壁都开口说话"（苏霍姆林斯基）；重视校标的设计和设置，发挥各种雕塑、画像、纪念馆、宣传栏、校园网络的教育功能，展示学校荣誉，凸现校园文化，提升校园品位。

（五）其他途径

例如：①举办讲座。让校内外教师、学者开设人文科学讲座是一个内容丰富、思想活跃、形式灵活、听众广泛的方式，可开阔视野、启迪思维、激发情感、丰富知识。②开办社团活动、课外兴趣小组活动。通过各种社团活动，组织学生读书、研讨、创作，引导他们探索人生的真谛、陶冶情操、发展特长、培养能力，开办第二、第三课堂；组成各种兴趣小组，如诗社、剧社、文学社、画社、乐队、舞蹈队、合唱队等等。③阅读。人文知识的丰富主要靠自己学习，自学的主要途径是读书。大学生思维敏捷，记忆力强，接受力强，正是读书的好时候。应当抓住时机读一些好书，背一些好诗，记一些名句，这将使学生受益终身。而教师应在学生阅读时给以适当指导，做学生"心灵的持灯者"，引导他们高举人文精神的火炬，穿越成熟前的"思想暗夜"。

总之，大学人文素质教育是时代精神的呼唤，是促进教育改革，促进高科技和高素质的统一，是培养出既有知识能力又有健康人格、既会做事又会做人的高质量人才的基础。它切实可行，势在必行。

第三节 我国高校人文素质教育体系建设

人文素质体现了一个人的思想道德修养。一定的思想道德观念总是以一定的文化底蕴为基础，一定的人文意识又总是蕴含着一定的价值观念。大学生是我们国家的未来、民族的希望，他们的理想信念、思想道德和科学文化素质如何，不仅直接影响他们的成长，而且关系到我们国家的前途和命运。21世纪高等教育的新使命就是促进科学教育与人文教育的融合。科学教育和人文教育都是现代教育中不可或缺的重要组成部分。只有科学精神和人文理想兼备的人，才是现代意义上的全面发展的人。人文教育的核心是人文精神的培养和人性的完善、提高，对促进人们树立正确的世界观、人生观和价值观具有重要的作用。在人类跨入21世纪的今天，人类社会已经步入一个高度综合化的新时代，高等教育在教育体系、教育内容、教育方法上趋于文理融合，随着知识经济、信息社会的不断发展，加强大学生的人文素质教育已成为当前世界高等教育改革与发展的潮流和趋势。高校要充分认识到人文素质教育在人才培养模式改革中的重要作用，积极探索和完善大学生人文素质教育体系，与时俱进，更新教育观念，深化教育教学改革，促进大学生的全面发展。下面就此提出几点粗浅的看法。

一、积极推进课程体系改革

素质教育是一种教育思想、教育理念，因而要贯彻到教育的各个环节，贯彻到教育培养的各个过程。在当代大学生的成长过程中，高等教育对大学生素质养成的影响和作用不应仅仅局限于课堂之中，还应贯穿于学习、生活的全过程，"第二课堂"的教育活动应逐步纳入整个学校的素质教育体系中。也就是要改变过去紧紧围绕专业设置课程的方式，突破狭窄的专业局限，充分吸纳当代自然科学和人文科学的最新成果，建立符合受教育者全面发展规律、激发受教育者创造性的新型课程体系。

（一）加强课程建设

课程的结构决定了学生的素质结构。课程教学是人才培养的最基本途径，自然也是加强人文素质教育的重点。要培养大学生优秀的人文素质，必须积极推进课程体系改革，所有专业都向人文教育拓宽，在学科结构和学生知识结构上重视文理学科的综合，有目的地建立一系列有利于培养学生人文素质的具有广泛性、交叉性和时代特征的课程：一是适当减少必修课，增设人文社会科学课程，增加选修课，设置文理交融渗透的新型课程和学科。规定各类学生既要学习自然科学知识，又要学习人文社会科学知识，同时允许学生根据需要可以自由选修各门课程，并使这种跨学科的教学模式贯穿整个高等教育过程。二是设置一系列面向全体学生的、反映各学科前沿发展动态的，以及该学科与人类社会发展相互关系为主要内容的短课程，使学生能在较短的时间内了解最新科技发展动态和研究前沿，扩大学生的知识面，开阔学生的视野。三是开设一系列适合大学生特点的人文素质教育特色课程和艺术课程，鼓励学生自学名著名篇。开设既保证培养学生科学素质，又注重培养学生人文素质的课程，使人文教育和科技教育相融合。通过加强大学生的人文素质教育，进一步陶冶情操，净化心灵，培养学生品质，促进学生的身心全面和谐地发展，以适应21世纪的发展要求。

（二）开设人文素质教育讲座

人文素质教育讲座是开展大学生人文素质教育的有效途径。我国传统文化的一个重要特点就是重视人文精神和人文教养，即重视人自身的教化和塑造。这些优秀的文化传统促进了中华民族的繁荣，陶冶了我们的民族精神和智慧，至今仍具有不衰的魅力。人文素质教育讲座不仅具有学术功能，而且具有人文教育功能，以深厚的人文精神与科技对话，以自信的民族传统与西方文化对话，以高远的大学文化与社会生活对话，以广阔的知识视野与专业体系对话，借以培育大学生的人文底蕴。开设人文素质教育讲座首先要突出人文主题。重点要突出"文、史、哲、艺"的人文主题，使每一个讲座都能为听众打开一扇窗户，展现一片新天地。其次要精选主讲专家、学者：一要在本专业有较深的造诣；二要考虑到青年学生的思维特点，聘请的专家应同时兼顾老年及青年；三要有良好的表达能力；四要兼顾理论性和通俗性。人文讲座既是高雅的，也可以是通俗的，在坚持安排高格调、高品位讲座的同时，也可适当安排一些学生关心的热点问题讲座，努力做到雅俗共赏。因此，要积极发挥高等院校学科门类齐全，师资力量雄厚的优势，有目的地聘请校内外知名专家学者、教授为学生举办讲座，引导、教育学生热爱科学、追求真理、陶冶情操、端正人生态度、提升人格魅力。

（三）发挥"两课"的主阵地作用

高校"两课"是全面推进素质教育的重要阵地，是大学生的必修课，在把新一代大学生培养成为社会主义事业的建设者和接班人方面起着不可替代的作用。教育部在《关于高校马克思主义理论课和思想品德课教学改革的若干意见》中明确指出："要把马克思主义理论课和思想品德课作为人文社会科学的重点学科加以建设，把'两课'作为学校的重点课程加以建设。"其实，"两课"从其内容和学科性质看本身就属于人文、社会科学类课程，对学生人文知识和人文能力的培养具有重要作用。人文素质教育的核心目标是培养学生的人文精神，如热爱祖国、奉献社会、不屈不挠的精神品质，这与"两课"的主要教学目标——培养爱国主义、集体主义、社会主义精神，树立正确的世界观、人生观、价值观内涵一致。因此，我们要充分发挥"两课"在人文素质教育中的主阵地作用：一方面在"两课"教学中增加有关人文教育的内容，使师生认识到人文素质教育是当代社会、政治、经济、文化发展对教育提出的必然要求，是加强思想道德建设的有效措施；另一方面要发挥"两课"的主阵地作用，渗透人文教育，把人文精神渗透到教育和教学的各个环节中去。通过"两课"教学，让跨世纪的青年学生从科学的理论中树立远大的政治理想，增强建设具有中国特色社会主义的信心和责任感，树立正确的世界观、人生观和价值观，使他们健康成长，担负起建设具有中国特色社会主义的宏伟大业的重任。

二、提高教师队伍的整体素质

实施人文素质教育，教师是关键。教师是大学生人文素质教育的直接组织者和实践者，与学生接触最多，对学生影响最大，师资队伍的素质水平直接关系到教学效果和教学质量。

（一）加强教师队伍的师德建设

师德师风是整个学校的精神面貌和灵魂。教师是人类灵魂的工程师，教师的示范作用和榜样力量是最直接和无穷的，教师的思想道德素质和品行学风、言传身教及其敬业精神对学生发挥着潜移默化的作用。加强师德师风建设，是高等学校责无旁贷的使命，是高校教师义不容辞的任务。在复杂的国际、国内环境下，要不断提高教师自觉、熟练运用马克思主义的观点、立场、方法去分析现实问题，解决学生中的热点、难点问题的能力，不断提高思想素养。要通过多种渠道大力培养教师具有科学正确的世界观、人生观和价值观。在教师的考核和聘任工作中，把教师的职业道德培养放在重要的位置，实行师德条件"一票否决制"，促使广大教师增强工作责任感和事业心，努力提高职业道德水平，以高尚的道德规范自己，影响和教育学生；树立良好的职业道德形象，爱岗敬业，为人师表。

（二）提高教师队伍的科研和教学能力

改革开放以来，高校教师的整体素质有了显著提高。为了提高教学的实效,高校教师不应该只在课堂上单纯传授专业知识,还应该引导学生学会对现实问题独立思考。这就意味着高校教师不仅应具有对民族和人类命运的高度责任感和使命感,还应具有高尚理想、信念和情操的人格力量,而且要具有坚实的理论功底、广博的知识结构,能够结合专业教学进行人文教育。教师素质的高低,不仅取决于教师的知识结构和水平,而且取决于教师的科研能力。从某种意义上说,教师科研能力的高低决定着教学实效的好坏。因此,教师必须把科研放在更加突出的位置,不断提高业务水平。一个优秀的教师既要具有教学领域的基础知识,又要具有本研究领域的高深知识。而知识的获取,除了博览群书和参加社会实践之外,更重要的是要加强学术研究,通过学术研究来提高理论素养。只有教师科研素质提高了,教学任务的完成才能真正显示出旺盛的生命力。

(三)培养教师文理兼通的创新素质

在全面推进素质教育的过程中,许多大学都加强了人文教育,开设了艺术课和人文课,然而由于教师文理不能兼通存在局限,人文教育与科学教育所形成的只是一种文理杂拌的"拼盘式"教育。学生人文素质的形成十分需要教师人格的感染与启迪。如果教师在讲授科学现象、规律、方法和应用中渗透了人文精神,学生就会被教师的这种人格魅力所感染,潜移默化地接受教师的思想。因此,培养文理兼通的高素质教师队伍是加强素质教育的当务之急。古人云:"师者,传道、授业、解惑也。"学生的惑,不仅是学业上的惑,更是悟道中的惑,这就要求教师的"业"和"道"都要有很高的素养,既有高深的学科造诣,又有高尚的人文修养,在教学过程中能够渗透人文素质教育。高校要采取有效措施,促进教师努力提高自身的人文素质,完善知识结构,树立育人意识,在教学中增加文化含量,渗透和融合人文素质教育,增强人格感召力;使教师成为人文素质的专家、学者,真正发挥他们在教书育人中的作用,引导学生树立正确的世界观、人生观、价值观。

三、深入开展社会实践活动

实践是检验真理的唯一标准,也是人取得正确认识的基本途径。大学生的社会实践活动是指高等学校有目的、有计划、有组织地引导大学生走向社会、接触社会、了解国情、接受教育、丰富知识、提高能力和服务社会的一种实践教育活动。社会实践活动作为我国高等教育的一项特殊的教育内容与形式,具有特殊的素质教育功能,越来越受到人们的关注和重视。

(一)社会实践活动是整个高等教育体系中的重要组成部分

社会实践活动是高等教育中的重要环节,是培养社会主义事业建设者和接班人的重要途径。大学生社会实践活动作为一种有目的、有计划、有组织的实践教育活动,其根本目的是让学生深入社会、接触实际,通过实践活动了解国情、受教育、长才干、做贡献。大学生社会实践活动的安排,实践内容、形式和地点的选择都要满足高等教育培养目标的要求。大学生社会实践活动的内容可分为两大类:一类是纳入教学体系的,主要包括专业见习和实习、社会调研、毕业设计、公益劳动和军事训练等;另一类是利用节假日或课余时间进行的,主要包括社会调查活动、社区援助活动、"三下乡"服务活动、勤工助学活动、科技开发活动等。高校要引导和鼓励大学生在学习之余走出校门,走向社会,促进教育与生产劳动和社会实践的紧密结合,把所学的知识转化为做人的基本品质和基本态度。如利用寒假、暑假组织大学生开展大型社会实践活动,日常坚持青年志愿者活动、扶弱帮困活动、社区服务、参观革命老区活动等等。通过社会实践活动,学生不仅可以了解社会对大学生素质要求的具体信息,而且可以发现自己的缺点和不足,认识到自己与社会要求的距离,从而增强提高自己综合素质的自觉性和能动性,使大学生的爱国主义、集体主义精神在丰富多彩的社会实践活动中得到升华,境界得到提升,责任感、使命感和奉献精神得到强化。

(二)营造良好的校园文化氛围,优化育人环境

中国教育历来重视环境育人。随着教育的迅速发展,人们越来越认识到校园文化建设在学校人才培养中所起的重要作用。大学生的人生观、价值观和道德观的形成,人文精神与科学精神的确定,都深受校园文化的影响。校园文化建设对学生综合素质的培养和提高具有潜移默化的作用,并已越来越成为学校教育的重要手段和第一课堂的补充和延伸。在进入21世纪的今天,面对知识经济、信息时代的临近,充分利用校园文化的独特功能,大力培养学生的创新能力与人文精神,更是时代的迫切要求与需要。要坚决抵制

腐朽文化和各种错误思想及观点对青年学生的侵蚀，用正确、积极、健康的思想文化占领校园阵地，努力营造符合先进文化前进方向要求的良好文化氛围。要积极开展丰富多彩、格调高雅的业余学术活动和文化活动，构建大学生人文素质教育的有效载体。如聘请社会名流、优秀校友来校做报告；引导学生积极参加社团活动，丰富文化知识；开展内容丰富的文艺活动，如举办文化艺术节、演讲与辩论比赛、模拟法庭等等，培养学生的参与意识。

（三）加强大学生社团管理，发挥社团的育人功能

学生社团是学生为增长知识、培养能力，丰富和活跃课余文化生活，自愿组织起来的群众性团体。随着社会经济的发展、科学文化的进步，学校的学生社团活动在蓬勃发展，类型在增多、规模在扩大，已经成为学生第二课堂学习的主要园地，成为发展学生多方面兴趣、爱好，练就一专多能本领的课外活动形式，在21世纪人才培养中发挥积极的作用。但是，由于学生社团种类繁多，既有娱乐性的，又有学术性的，加上学生社团活动吸引了众多学生，涉及面广，形式多样，因此，管理难度较大，要求也比较高。我们必须正视学生社团活动中可能出现的问题。例如，有的社团活动违背本社团的宗旨，超出本社团的活动范围；有的社团组织内部管理混乱；有的搞小圈子，拉关系；有的甚至借社团之名，进行非法活动。我们要通过采取各种措施和办法，加强对学生社团的引导和管理，更好地发挥社团的育人功能。

综上所述，加强大学生的人文素质教育已成为一种共识，这是当代社会发展对人才培养提出的要求，也是现代教育发展的一个必然趋势。构建完善的高校人文素质教育体系，推进人文教育与科学教育的融合，培养大学生的人文素质，既是一个理论问题，也是一个实践问题，高等学校任重而道远。

四、人文素质教育课程体系的构建原则

（一）转变教育质量观，树立全面的质量观

全面的质量观即树立与现代教育特点相符合的以促进学生素质全面发展为宗旨的质量观，培养既具有高度的科学精神又有厚实的人文素养的人才，

把学生的政治素质、道德素质、文化素质、审美素质、劳动素质、身体心理素质的全面发展水平作为衡量教育工作质量和学生质量的标准。

（二）转变专业素质观，树立综合素质观

在高等教育中，文化素质是基础，人文素质是基础的基础。人文素质对专业能力的养成和适应未来专业需求的可持续发展能力的培养具有重要的意义。因此，必须转变专业教育就是教会学生如何做事、如何谋生的狭隘观念，也要树立专业教育与人文教育并重的综合素质观念。

（三）转变课程独立观，构建科学的课程体系

人文素质内涵十分丰富，包括人文科学、社会科学、思想政治、语言艺术、体育卫生等诸多领域，因此必须搭建人文教育课程平台，构建较为科学的课程体系。同时，要在专业课程的教学中，挖掘人文内涵，渗透人文精神，使专业教育与人文教育相结合。除上述显性课程之外，还应注重开发富有启发意义和实践意义的隐性课程，如文化活动、实践活动等。唯有如此，才能实现人文教育的综合化、立体化。

（四）转变课堂教育观，加强社会实践

社会实践活动是培养学生人文素质的重要途径。因此，必须增加学生的各类实践活动，如社会调查、社会服务等，使学生在多种多样的活动中，在与社会、自然的交往中开阔视野，关注人生，明确自己的责任和义务，正确处理个人与社会、自然的关系，实现自己的人生价值，培养和提高自身的人文素质。

五、人文素质教育的效果评价

按照知识、能力、素质协调发展的要求，把人文素质教育纳入人才培养整体规划之中，构建人才素质的评估标准，在教育管理过程中具有实质性的作用。评价的指导思想、具体指标、方式方法及其效用牵动着人文素质教育的方方面面，影响着人文素质教育落实的力度。在对学生人文素质的评价研究中，应始终强调全面评价，即从学生的整体素质考查，看其各项素质及结构是否合理，是否全面和谐发展，同时突出个性评价和动态评价，即在承认

学生个体差异的基础上进行，用发展的观点考查和评价学生人文素质养成的全过程，在实践活动中看人文教育持久发挥作用的程度，用实践检验、评价学生的素质状况。

我们强调，人文素质教育的效果评价应重点把握以下四项工作：

第一，开展新生素质调研工作。组织对历届新生的素质调研工作，制作专门的问卷进行全面的调查研究，获取新生思想道德修养、知识水平、心理与身体健康状况和已经形成的与专业有关的能力方面的信息，并建立个人基本素质档案。专业导师和教学导师要了解和掌握学生的相关信息，为有针对性地开展选修指导、专业培训、心理咨询、活动规划等提供较为科学的依据。

第二，完善课程管理制度建设工作。将文化素质教育纳入教学管理、学生工作管理、教师业绩评定管理系统之中，加强对文化素质教育通识课任课教师、教育过程、教育内容、教育质量、成绩评定和登记等的监督与指导。重视文化素质教育教学和各项工作的评估，有针对性地制定相关评估标准，如人文素质教育课程考核制度、第二课堂实践活动考核制度、文化竞赛证书制度等，不断提高教育实效。

第三，完善学分制管理办法。科学规划学分结构，在必修、限选及任选学分中规定人文素质类课程的最低学分。同时，完善大学生人文素质评估内容，将文化素质教育活动纳入学生课外学分管理之中，将其在各种文化活动、艺术竞赛、社会实践中所取得的成绩和表现作为人文素质的评价依据，计入相应学分。课外学分措施的实施对学生良好思维方式和行为规范的养成将起到很好的约束和激励作用，并成为动态评价的重要方面。

第四，落实毕业生素质测评工作。测评通过学生自评、班级评价和院系评价相结合的方式，对学生的思想道德素质、科学文化素质、身体心理素质和职业素质进行综合评价，形成评价意见。毕业生素质测评工作既是调研工作的延续，又是对人文素质教育效果的总评，还可为日后的社会反馈提供参照，从而为建立人文素质教育的长效机制奠定基础。

第四节　科学素质教育与人文素质教育整合

在知识经济时代，知识的增长速度不断加快，知识的陈旧周期不断缩短，知识转化的速度猛增，学科出现了高度综合的趋势，对大学生的学习能力和获取信息的能力提出了新的要求。大学生在观察、认识和处理问题时，既要保持理性思维的科学态度，又要具备人文情怀的价值眼光。大学生究竟发展什么和如何发展成为我国高教改革关注的一个重要问题。高等教育探索适应新形势下的科学素质教育和人文素质教育的整合势在必行。

一、大学生科学素质教育与人文素质教育整合的理论基础

今天的教育是为了解决明天的社会问题。我们所要构建的和谐社会，既是一个高科技日益增长的知识密集型社会，又是一个生活质量全面提高、文化需求全面增长的人文社会。科学教育与人文教育的分裂这一问题必须引起我们的高度关注。

大学生科学素质教育与人文素质教育整合的基础在于：

（一）教育价值

要把社会发展的需要和个人发展的需要结合起来，要使大学生具有较高的科技文化知识、较高的人文素养和健全的人格，并具有完备的知识结构。科学与人文作为两种不同的文化现象，有着各自独立的价值与功能。科学关注的是人对物的问题；科学精神追求真，崇尚客观性和求实性，具体表现为以物为尺度，以客观世界为认识对象，竭力排除主体对认识过程的干扰，达到实事求是。人文关注的是人对人和人自身的问题，是主观世界；人文精神追求善和美，具体表现为以人为中心，以人为尺度。人们在对科学价值的追求中离开人文价值是不完整的人，同样，在对人文价值的追求中离开科学价值的取向是跟不上时代步伐的。只有两者相互渗透，才能构成完整意义上的人类价值体系。将人文教育和科学教育结合起来，使大学生既具备科学知识

和人文知识,又掌握科学方法和人文方法,这样才能达到追求真理、讲求价值的完美统一。

(二)教育目标

要把大学生培养成合格接班人,就要使他们成为既有健全人格又是掌握生产技能的劳动者。因此,要把科学素质教育与人文素质教育整合起来,达到提升人性与提高人力的统一。科学与人文的整合不是两种知识的机械添加与组合,而是一个有机的整体。知识经济时代,知识经济化和经济知识化并存。而经济知识化从某种意义上说就是经济的人文化,它使得知识成为经济增长和发展的主要源泉和资本,从而使人类生产劳动的自由度大大提高。科学技术的高度发展,为人们扩大社会交往和社会联系提供了必要条件,人们将拥有更加充裕的时间和更加丰富的生活内容,使自己获得更加全面而自由的发展。但是没有人文精神的引导,科学技术是盲目的。科学素质与人文素质两种教育的同时实行,可以克服教育过于专门化所造成的科学与人文的分裂。大学生要既有科学素养,又有人文精神;既有专业知识,又有健全人格。这是高等教育不可避免的重要工作,落实这项工作的重要性在于为我们的社会走向真正意义的现代文明提供可靠保障。

(三)教育内容

大学生在大学阶段要形成完善的知识结构,提高创新能力,而且要提升人文精神,形成道德责任感和义务感,从而达到真、善、美的统一。科学、人文是同一主体的两种要求,是一体两面的,如果把二者割裂开来,那么人文教育不是真正意义上的人文教育,科学教育也成为一种残缺不全的科学教育。科学素质教育的任务是培养大学生的科学意识和科学素养。科学素质教育要求大学生能够建立科学的概念、掌握科学的方法、培养科学的态度、树立科学的价值观念,并培养其适应现代社会的能力,旨在让大学生了解科学、技术与社会三者之间的相互关系和彼此的影响。大学生人文素质教育不仅要给大学生传授人文知识,还要培养人文精神。人文素质教育的目的主要是引导学生如何做人,如何处理好人与自然、人与社会、人与人的关系,以及如何使大学生的理性、情感、意志等方面的素养得以提高。只有促进科学知识与人文知识融合、科学思维与人文思维功能互补、科学方法与人文方法协调,才能发挥多学科优势，使大学生在认识上跨越科学知识与人文知识的鸿沟，开阔视野，实现全面发展。

二、大学生科学素质教育与人文素质教育整合的时代要求

（一）大学生科学素质教育与人文素质教育整合是构建和谐社会与人全面发展的需要

人的全面发展作为人的发展的终极目标和理想状态包含着"人究竟发展什么"和"人如何发展"的问题。科学教育与人文教育对大学生生存能力起着转化的作用。它不是像遗传基因那样直接通过生命有机体来表达物种具备的生存能力，而是通过教育把科学知识和人文知识转化为大学生个人知识结构的一部分，把科学知识和人文知识应用于个人的生存活动，从而达到适应环境和提高生存能力的目的。科学素质教育与人文素质教育要教给大学生的是：从科学求真的角度摆正人在自然中的位置，从伦理明善的方面承担人对自然和社会的责任，从情感审美的层次追求人与自然、人与人、人与社会的和谐。科学素质教育与人文素质教育要教会大学生在观察、认识和处理问题时，既要保持理性思维的科学态度，又要具备人文情怀的价值眼光。要以科学精神和人文精神相统一的态度，消解现代文明带来的尖锐矛盾，使大学生成为构建和谐社会的一支生力军。

（二）大学生科学教育与人文教育整合是高等教育自身发展的需要

大学的首要核心功能是人才培养。一方面通过实施比中小学教育更高层次的综合化教育，使得大学生在德、智、体、美等方面全面发展，目前许多高校都开设了通识教育且效果很好；另一方面通过实施专业教育与分科教育，使得大学生获得专业知识和专业技能，并成为社会各行各业的高级专门人才。为了缓解高科技发展对人性的扭曲，避免互联网等所引发的人与人交往的疏离化，解决大学生的价值困惑等问题，在科学教育中要融入人文教育。作为人文社会科学方面的专业要成为具有时代感的学问，要融入现代文化的主流，就必须自觉加强对科学技术运用水平最新态势的了解，使得文科学生掌握自然科学和新技术常识。在国际上，不同国家和地区的大学办学理念各不相同，

但因为时代的要求而又逐渐趋同，这就是科学教育和人文教育的融合，也是高等教育自身发展的需要。

（三）大学生科学教育与人文教育整合是知识经济时代的要求

知识经济时代是以智力资源的占有和配置，知识的生产、分配和消费为最重要因素的经济时代，它使得知识尤其是科学知识的占有量成为一个国家国力和国际竞争力强弱与发展潜力大小及速度快慢的首要标志。在这种情形下，知识的选择、整合、转换和操作变得更为重要。科学技术的发展，使人们得到了解放，但要制止科学的异化和技术的滥用，避免科学的误用或恶用而产生的极大的负面影响，就必须建立科学教育与人文教育相结合的教育理念。克服科学思维与人文思维分裂的缺陷，使二者相互协调，从而更好地解决个人和社会问题以及人类面临的许多困境。因此，只有大力发展科学教育和人文教育，加强对大学生人文知识的传授和人文素质的培养，加强对大学生创新知识的传授、创新素质的培养与创新能力的提高，才能造就适应知识经济时代和我国社会主义现代化建设事业需要的21世纪人才。

三、大学生科学素质教育与人文素质教育整合的基本途径

科学教育与人文教育的整合并不是两种教育的简单相加，也不是一个简单的比例关系问题。两者的整合都不应以削弱或牺牲对方为前提，而是在关注二者发展的失衡与分离这一现实的基础上，通过转变教育价值观念、改变教学模式以及合作办学等方式，使大学生科学素质与人文素质协调发展。

首先，转变教育价值观念是科学素质教育与人文素质教育整合的关键。教育的自身价值与工具价值是对立统一的——既有功利价值又有非功利价值。教育在人力资源的开发、振兴经济、发展科技等方面具有功利价值；在人伦教化、文化传递、社会整合等方面教育具有非功利价值。教育作为一种社会活动，它和社会发展密切相关。大学生科学素质教育与人文素质教育的分裂，不能简单地归结为教育问题，它还是一个社会问题。由于社会发展导致社会分工的精细化以及由此带来的人才专业化，结果使教育中各门学科课程之间割裂，其深层社会原因是社会生活的区分与隔离。因此教育需要做出相应的调整和改革，通过教育来逐步打破社会生活的区分与隔离，从而缓解

科学与人文之间的矛盾。这里，首要和关键的问题就是转变教育价值观念。

其次，改变教学模式是科学素质教育与人文素质教育整合的基本途径。要通过明确培养目标、合理设置专业、科学设置课程等具体的、行之有效的措施来达到二者的整合。人文教育与科学教育相融合的人才培养模式体现在：培养目标上要使大学生成为具有创新精神、创造能力和创业才能的人，要具有完备的知识结构，即要使大学生具有较高的科技文化知识和较高的人文素养，成为多学科和跨学科的复合型人才；专业设置上，要做到厚基础、宽口径，同时积极适应社会需求的多样性和科学技术发展的需求，孕育新兴专业；在课程设置上，要做到综合化、内容丰富、结构合理，同时还要加大学术活动、科学实验和社会实践的教学力度。高等教育中教育内容要全面，人文与科学二者不可偏废。学校教育应该注重科学知识与人文知识的统一，可以通过设置人文科学和自然科学相结合的综合性课程，以及试验课、选修课等方式，使大学生成为文理兼通、视野开阔、富有综合创造能力的复合型人才。

最后，合作办学是科学素质教育与人文素质教育整合的有效途径。各高校有着自己的文化历史积淀，又有着自身办学理念和办学模式的特点和优势。合作办学正是借用这种差异性和多元化办学传统，既可以开设双学位班、互聘教师以及共同开展教学改革，还可以做到硬件和软件互补。合作办学，开放办学，兼容并蓄、博采众长，走出去和引进来的开放办学理念，积极稳妥地促进了高等教育国际化进程，而且知名度和影响力也日益提高。在一些高校林立的城市，尤其是在一些大的省会城市，这种办学模式会起到非常有效的作用。通过合作办学，各学校之间充分在教学资源配置上形成优势互补，在理、工、文等各学科之间搭建知识平台，使学生在相互选课中体会到科学精神和人文精神的融合与互动，由此各类资源的利用率也得到了提高，更重要的是为学生的全面发展提供了一个有利的知识空间。

第三章 人文素质教育的原则、途径和方法

如何按照人文素质教育的目标，培养具有人文精神和一定人文规格的现代化人才，需要进入实践操作的层面，而操作首先要弄清基本的准则框架。本章探讨人文素质教育的原则、途径和方法。

第一节 人文素质教育的原则

人文素质教育的原则就是在大学生人文素质教育活动中必须遵循的基本准则。它不仅在宏观上指导着大学生人文素质教育活动，而且在微观上规范和调节着大学生人文素质教育活动的各个方面和环节。

一、科学性与方向性相统一

科学性与方向性相统一原则是指人文素质教育活动既要体现科学性，又要坚持方向性，把科学性与方向性统一于人文素质教育活动中。

所谓科学性，就是指大学生人文素质教育活动所蕴含的规律性、真理性的内容要求得到遵循和满足，主要包括人文素质教育的内容客观现实性、教育规格以及教育方式方法的合理性。而方向性则主要强调人文素质教育的价值指向性，应该是合乎社会发展大趋势、主流意识形态及文化，并能对人们的正确行为产生导向作用。

从历史和现实来看，方向性要求较为容易得到贯彻，任何阶级无不从各自的政治目的出发，通过教育活动向学生施加自己的政治思想、价值观念和道德影响。孔丘就主张："君子博学于文，约之以礼，亦可以弗畔矣

夫。"唐朝韩愈说："师者，所以传道、授业、解惑也。"宋朝周敦颐提出"文以载道"。同样，在当代中国，对大学生进行人文素质教育的目的就是通过提高大学生的人文素养、人本精神，使之具备适应当代社会发展的思想政治品质。其中，核心目标就是增强大学生的主流价值意识和政治敏锐力，即坚定走中国特色社会主义道路的信心，树立实现中华民族伟大复兴的崇高理想信念等。相对而言，科学性要求则不易达成。

大学生人文素质教育坚持科学性与方向性相统一，具有较强的客观必然性和现实意义。其一，唯此才能保证与社会主义高等院校培养目标的一致性。高校不仅要培养适应现代社会、能求得生存和发展的人，更要培养社会主义现代化事业的合格建设者和可靠接班人。只有这样，大学才能不辱使命，社会主义现代化事业才会后继有人。其二，科学性与方向性的统一，有利于优化人文素质教育的效果。坚持统一的方向可以坚定信心、激励斗志，使人文素质教育活动有着精神动力支撑；坚持科学性可以保证教育活动的有效开展，人文素质的有效提升。忽视任何一方面都会使人文素质教育目标的实现大打折扣，甚至使教育活动出现负面效果。

特别是在当今社会条件下，由于市场经济大潮的冲击，部分大学生的人文精神淡漠了，人文意识弱化了，个人主义、享乐主义、拜金主义大有蔓延之势，故此，大学生人文素质教育更需要坚持科学性和方向性的统一。因为人文素质教育不同于科学教育，其主旨是通过人文学科的知识传授和精神引导为大学生解决人生困惑并寻求信仰的支撑。所以，人文素质教育不能仅限于知识传授，更重要的是对学生世界观、人生观、价值观的塑造。它面对的是人的精神世界，要构筑人的灵魂家园，故既要贯彻方向性，使全体师生认识到人文素质教育的价值指向，并在教育互动中不断调整，又要讲求科学性，将内容的真理性与方法的灵活性有机地结合起来，努力探寻社会目标和个人目标融汇一致的契合点，努力使人文知识、人文精神有机地渗透到大学生生活的方方面面，做到教育的有效接受，达到殊途同归的效果。

二、理论与实际相联系

理论与实际相联系，是唯物辩证法的基本要求，是指导人类认识或学习活动的普遍规律之一，也是任何教育教学活动必须遵循的普适原则。古今中外不少教育家都对理论联系实际做过深入探讨。中国古代荀况就提出："知之不若行之，学至于行之而止矣。行之，明也。""知之而不行，虽敦必困。"在西方，古希腊智者曾断言："没有实践的理论和没有理论的实践都没有意义。"

　　大学生人文素质教育坚持理论与实际相联系，包括两层含义：一是在人文素质教育中，教师把基础理论与现实生活实际联系起来，把教育普遍规律与学校人才培养目标、课程体系、师资状况、学生来源和特点结合起来，因地制宜地制定符合自身实际的人文素质教育方案，使学生真正理解和掌握基本理论；二是在实践教学环节，特别是在大学生的人文素质教育实践中，要坚持发挥理论知识的主导作用，因为理论知识反映了自然界、社会和人类思维发展的最普遍规律，对实践具有广泛的适应性和指导作用。理论联系实际体现着理论和实际的相互关系，理论教学与实践活动协调统一，互相补充、互相促进，既要通过联系实际掌握理论，又要把理论应用到实际中去，这是大学生人文素质教育取得成效的根本途径。

　　一切真知均来源于实践。作为大学生人文素质教育主要内容的人文社会科学知识是对社会实践经验所做的高度概括和提炼，对大学生而言，属于间接经验。对于这种抽象的理论知识，高校教师如果不考虑大学生的实际情况，不联系社会现实生活，不但会使学生感受不到理论知识的亲和力和真实感，还会使学生产生"厌烦"心理。因此，抽象的理论须和具体的实际有机结合，通过实践教学弥补大学生在一定程度上直接经验的不足，使学生自然、自觉地吸收抽象的人文社会科学知识。另外，理论学习和实践教育，是培养当代大学生人文知识和道德能力的两个重要组成部分。人文素养、人本精神的培育总是通过一定理论知识影响人的思想而起作用的，先进的、科学的理论不去武装大学生的头脑，落后的、愚昧的思想就会去占据大学生的头脑。因此，坚持理论教育，向大学生系统讲授人文社会科学等方面的知识，有利于提高大学生的认知水平和理论思维能力。人文素质教育除了理论讲授，还要注重实践体验，强调知行统一，这也是理论联系实际的一个重要方面。通过组织大学生参与人文素质教育实践活动，引导大学生接触社会、深入生活，通过参与实践活动来正确认识和解决现实生活中出现的各种问题，从而提高分析问题和解决问题的能力。实践证明，无论是忽视理论教育还是忽视实践训练都是不可取的。

如何坚持理论联系实际？第一，要联系实际指导大学生人文素质教育中各种理论的形成、发展过程。所谓理论，是从实践中来又经过实践检验的认识，是人脑对客观事物及其规律的正确反映并按其内在逻辑组成的一定体系。科学理论能够揭示社会发展的规律，预见未来，帮助人们把握社会发展的方向和历史进程，能够提供正确认识事物和解决事物的方法。因此，高校教师讲授这些理论时，要综合运用多种方式引导学生确切了解理论的形成、发展过程，同时用于论证理论的材料必须真实、准确，具有典型意义，还要有说服力，这样学生理解起来就不会那么枯燥、晦涩、难懂。第二，要联系当代大学生的具体实际。根据大学生的实际情况有针对性地进行人文素质教育，也就是因材施教的方法。由于西方社会思潮的冲击，一些大学生不同程度地存在政治信仰迷茫、理想信念模糊、价值取向扭曲、诚信意识淡薄、社会责任感缺乏、艰苦奋斗精神淡化、团结协作观念较差、心理素质欠佳等问题。因此，教师首先要了解学生的这些思想实际，精心准备和运用相应的教学内容、教学手段、表达方式开展人文素质教育，以培育学生的人文素养和精神品质等。另外，联系实际还要了解学生的个体差异、生活状况、专业背景、知识能力等等。只有联系当代大学生的具体实际，才能最大限度地保证教育的实效性。第三，要联系高校教师的实际。人文素质教育的实效如何，主要取决于教师。如果教师仅仅局限于把理论讲清，把内容讲完，只能使学生理解、明白，未必能使学生有效接受。人文知识、人文精神要做到被大学生心甘情愿地接受，教师必须在"情"和"理"上下功夫。教师自身要明理、掌握真理、信仰真理，同时，对教学要有真实的情感投入。人文素质教育要引导大学生树立正确的世界观、价值观、道德观，提高大学生的人文素养和人本精神，是直接以育人为目的的活动。教师面对的是有血有肉、有思想、有情感的大学生，如果教师自身没有饱满的情绪和真挚的情感，学生是很难受到感染，而产生接受的内在需要的。如果教师能乐于现身说法，用自己的亲身经历、心路历程例证某些理论，则会产生很大的感染力和说服力。

三、专业教学与人文素质教育相融合

专业教学与人文素质教育相融合，就是在专业教学过程中，使学生掌握一定的专业知识和专业技能的同时，对学生进行人文素质教育，提高学生的文化品位、审美情趣、人文素养及人本精神。专业教学与人文素质教育不是平行推进的，也不是有先有后，分层次进行的，而是有机地融合在一起的。如果教师仅仅单纯地进行专业教学，就不能有效地解决学生的思想困惑、道德困境、做人问题，也就不能提高学生的道德觉悟、人文素养。对于高校教师教书育人职责来说，这样的教学不能算是成功的教学。在专业教学和人文素质教育之间考量，人文素质教育也应是"重点戏"，专业教学的落脚点是为培养大学生适应社会、造福人类的能力服务，教师应以专业教学为载体对学生进行人文精神的培育，把专业知识转化为学生的理论武器和认识能力。意大利诗人但丁曾说过这样一句名言：一个知识不全的人可以用道德去弥补，而一个道德不全的人却难以用知识去弥补。

　　人文素质教育要遵循人的思想发展规律，融合到各种专业教学内容和方式中，以循序渐进和潜移默化的状态进行。将大学生人文素质教育融合、渗透到专业教学中去具有重要意义。其一，可以形成教育合力，产生新的综合性、具有感人气息的教育力量。这种教育合力，可以产生一种"整体大于局部之和"的综合功能效应，人文素质教育融入专业教学中，就等于高校专任教师都参与到人文素质教育工作中，正像恩格斯所言的"许多人的协作，许多力量结合为一个总的力量"，用马克思的话来说，就是造成"新的力量"，这种力量和它的一个个力量的总和有本质的差别。其二，可以产生"春风化雨，点滴入土"的效果，促进大学生思想发展的良性循环。人的思想都是在知、情、信、意、行五个要素的反复循环中形成发展的，高校人文素质教育实际就是促进大学生思想的良性循环发展，通过与专业教学相融合，能让大学生在不知不觉中受到教育，在自然熏陶下得到提高，因而可以达到理想的教育效果。

　　在大学生人文素质教育过程中，如何坚持专业教学与人文素质教育相融合呢？第一，要协调好专业教学与人文素质教育的关系，形成合理的系统教育结构。能否坚持专业教学与人文素质教育有机融合，关键在于教师。因为人文素质教育相对于专业知识而言，有其自身的特点，专业知识教育仅仅是让学生了解、知道所传授的内容，而人文素质教育涉及的是学生的思想境界、内心世界，通过影响学生心灵，导致其思想转变，心灵净化，境界提升。因此，每一位专业教师都应当明确专业教学并不仅仅是传授完知识了事，还包括育人层面，要提高学生的思想觉悟、精神品质和人本精神。第二，专业教学要紧密联系学生的思想认识问题。随着市场经济的深入发展，我国社会经济成分、组织形式、就业方式、利益关系和分配方式日益多样化，大学生思想活动的独立性、选择性、多变性和差异性日益增强。高等学校各门课程都具有育人功能，所有教师都负有育人职责。教师在教学中要注意观察学生的课堂反应，紧密围绕大学生普遍关心的重大问题以及个别学生的思想认识问题，做好释疑解惑和教育引导工作。这类问题尽可能地在课堂上及时解决，容易达到事半功倍的效果。第三，在人文素质教育中，要批判分析西方文化思潮和价值观念。伴随着全球化浪潮和互联网的迅速发展，西方思潮和价值观念对大学生的冲击难以避免，大学生价值观念呈现多元化发展趋势，人文素养、人本精神呈弱化趋势。因此，高校教师在课堂教学中，要严肃认真地对待西方思潮和价值观念，进行客观的分析批判，从正面晓之以理，动之以情，有效地提高学生自觉抵制错误理论观点和错误价值观念的影响的能力，同时提高大学生分析批判社会思潮的能力。

四、教育与自我教育相呼应

教育是指在人文素质教育中，教师通过一定教学内容影响大学生，力图使大学生接受教学内容所承载的思想观念、道德品质、人文精神，并内化为自身的品德意识的过程。自我教育就是教育对象自己教育自己，自觉地进行自我剖析、自我管理，主动地接受正确的价值观念，形成良好的行为习惯的过程。教育和自我教育相呼应体现在人文素质教育过程中就是价值引导和自我构建相统一。人文素质教育的关键在于培养教育对象的自我教育意识、自我教育习惯，使其在价值多元化的开放社会中依据教育者所传递的主导价值观进行自我选择和自主构建，并对自己的选择切实地承担相应的社会责任。

坚持教育和自我教育相呼应，符合内化与外化辩证统一的教育教学规律。大学生人文素质教育的过程实际上是一种内化与外化辩证统一的过程，因此，要增强人文素质教育的实效，教育者在教育实践中必须遵循内化外化规律，实现内化与外化的辩证统一。一方面，教育者要积极引导和帮助大学生接受人文素质教育内容所承载的思想观点、价值观念和人本精神并转化为自己的个体意识，自觉地将这些元素作为自己的价值准则和行为依据，从而为外化过程奠定坚实的基础；另一方面，教育者还要善于引导学生的外化过程，促进学生将个体意识转化为良好的行为习惯，产生良好的行为结果，这就是外化过程。内化与外化是辩证统一的。内化是外化的基础和前提，外化是内化的目的和归宿。高校人文素质教育如果要顺利地实现学生的内化和外化，离不开教育者的积极影响、悉心指导，更离不开学生主观能动作用的发挥，也就是说既离不开教育，也离不开自我教育，要求坚持教育与自我教育相结合。在人文素质教育实践活动中，教育者的作用是提供一个良好的外部条件，把教育内容所承载的精神实质通过恰当的方式传授给学生。学生的自我教育意识和自我教育能力，需要在教育者的影响下形成和发展。教育者提供自我教育的起点和动力，决定着自我教育的氛围和导向。自我教育是衡量人文素质教育是否有效的一个标志，又是人文素质教育最终落实的归宿。现代社会，自我教育之所以重要，与社会的开放性、价值取向的多元化，思想活动的独立性、选择性的加大有很大的关系，这些都增强了大学生的主体性，对自教自律提出了更高的要求。

坚持教育与自我教育相呼应，要做到以下几点：第一，要充分发挥教育者的主导作用。要防止和反对人文精神培育的"自发论"。开放、多元的现代社会对高校教师提出了更高的要求，教师要充分意识到自身的责任与使命，以身作则，率先垂范，增强自身的人格魅力，以帮助塑造学生的理想人格。第二，要善于启发、提高受教育者的自觉性和自我反思能力。受教育者的认识活动是一种自觉、能动的思维活动。在人文素质教育实践中，教育者如果重视启发人们的自我意识，重视培养提高人们积极思维的自觉性，受教育者就能在自觉的基础上增强自我教育能力。古人云：学而不思则罔。讲授给学生的人文社会科学知识没有经过学生的思考、反思，就不能被学生真正掌握和接受，学了新理论、新知识，却不会运用理论思考，不能用来解决自身的实际问题，这种理论、知识就没有转化成相应的能力，也就毫无意义。因此，教师在人文素质教育中必须避免进入那种以为灌输得越多，效果就越好的误区，应该多给学生独立思考、表达个人见解的机会和时间，以最大限度地增强学生的自我教育能力和面对复杂社会的应对能力。第三，要充分发挥学生的集体自我教育的作用。集体自我教育是同龄群体通过互相影响、互相启发、互相学习而实现互相教育。集体自我教育的积极作用不容忽视。大学生的主体意识较强，对于教师关于人文精神方面的教诲可能会有"抵触"心理和"逆反"情绪，而同学之间，由于年龄相仿、背景相似、兴趣相同，容易沟通并达到共鸣。高校应充分利用条件，开展丰富多彩的第二、第三课堂活动，在活动中激发大学生集体自我教育的需要，并以同学之间良好的情感、情绪为保障，把人文素质教育转化成当代大学生的一种生存方式和自我发展的内在需要。

第二节　人文素质教育的途径

要实现大学生人文素质教育的目标，达到人文素质教育的要求，就必须明确人文素质教育的途径。人文素质教育的途径是对教育平台、空间、载体的选择和整合。近几年，一些研究高等教育的专家学者提出了"四个课堂"的概念，将传统上以课室为教学阵地的课堂统称为"第一课堂"，以校内课堂外的空间称为"第二课堂"，校外的学习实践阵地称为"第三课堂"，虚拟网络平台称为"第四课堂"。这"四个课堂"的教育功能在高校是客观存在的，也是重要的、不可或缺的大学生人文素质教育的重要平台、空间和载体。要科学地、系统地对大学生进行人文素质教育，必须坚持整合"四个课堂"的理念，树立"四个课堂"一盘棋的思想，发挥"四个课堂"彼此互补、合作、协同教育的功能。

一、第一课堂：人格综合塑造

第一课堂是传道授业解惑的主阵地，也是人文素质教育的主阵地。专业教育的任务主要是"授业"，是学习一种"术"，而人文素质教育主要是"传道"，是学习"道"，强调做人与做事的统一，属于精神层面，重点是使学生精神成人，对学生进行人格综合塑造。人文素质教育必须充分发挥第一课堂的基础和核心作用。

（一）突出人本精神的通识教育

就性质而言，通识教育是高等教育的组成部分，是所有大学生都应该接受的非专业性教育；就其目的而言，通识教育旨在培养积极参与社会生活、有社会责任感、全面发展的社会的人和国家的公民；就其内容而言，通识教育是一种广泛的、非专业性的、非功利性的基本知识、基本技能和基本态度的教育。

通识教育与人文素质教育虽然有一定区别，但是本质上是相通的，两者最终的目的都是人的全面发展。通识教育的目的不在于提高学生的专业知识和技能，而是首先学会做人。哈佛大学前校长詹姆斯·科南特说："人文通识教育的能量比原子弹还大，因为原子弹是由人控制的，原子弹掌握在什么人手里，会产生完全不同的后果，而人是由教育的目的和方向决定的。"

通识教育的重要性，其一在于通识教育对完善大学生的智能结构、提高他们的审美情趣、加强他们的创造性和适应性、促进他们的和谐发展有着重要意义。和专业教育相比，通识教育传授的是更为基础和普遍的知识，从而是一种更为重要的知识。通识教育不仅关心如何做事，还关心如何做人、如何生活。哈佛大学20世纪70年代通识教育改革的设计者罗索夫斯基认为："通识教育的好处可能会随着年龄的增加、身心的成熟、世事的洞察和生活的经验而越发显著。最重要的是，通识教育是专业学术能力在其最高层次的实施中所不可或缺的。"其二在于通识教育追求人全面发展的教育本然价值。作为一种教育理念，通识教育起源于亚里士多德提出的自由教育——强调发展人的理性、心智以探究真理。作为对时代和社会变迁的一种反映，尽管通识教育的名称和内涵会随着时代和社会的变迁有所变化，但不变的是它对教育本然价值的追求，这个价值就是人的全面发展——强调把受教育者作为一个主体的、完整的人而施以全面的教育，使受教育者得到自由和谐的发展。其三在于通识教育对培养创新型人才有十分重要的作用。通识教育的目的不在于教给学生多少具体的知识，而是教会学生学习方法、思维方式，让他们学会怎么去自主学习，怎么进行独立思考。通识教育的任务就是让学生通过学术的熏陶，养成科学和文明的精神，从而具备理性的力量，从而能够最终摆脱监护而获取独立、自由的精神走向社会。通识教育的目标是培养完整的人，即具备远大眼光、通融识见、博雅精神和健康情感的人，而不仅仅是某一狭窄专业领域的专精型人才。其四在于通识教育可以拓宽视野。在通识教育模式下，学生通过融会贯通的学习方式，综合、全面地了解人类知识的总体状况。学生在拥有基本知识和教育经验的基础上最后理性地选择或形成自己的专业方向，同时发展全面的人格素质，以提升人的生命价值及生活品质。

通识教育的有效载体是通识课程，因此，一个完善的通识教育体制还应包括合理的通识课程设置。通识课程除了应该按照教育主管部门的要求开设好思想政治理论课、英语、体育、计算机等必修课程外，还应设置包含人文知识、自然科学知识、社会科学知识三个方面的选修课程。虽然通识课程涉及的知识面已经远远超过了人文知识的范畴，但是其最大的优点就是通过广博的、多领域的知识传授来开阔学生的视野，从而提升学生的人文素质。要发挥第一课堂的作用就必须本着加强学生全面素质、创新能力、个性发展的培养原则，构建一个科学的通识课程体系。

从当前高等教育的现状来看，通识课程至少应包含以下八个系列：

文学、艺术教育：文学、艺术教育含中外文学经典赏析、艺术欣赏、美学概论、影视欣赏等课程。其主要在于发挥文学、艺术得天独厚的人文优势和美育功能，从作品中体现的人格精神、深挚情感和形象意境等方面陶冶学生的情操，铸造学生品格，开发形象思维，进而培养学生的创新意识和人文精神。

历史、哲学教育：历史、哲学教育含中外简明史、中西方哲学史、马克思主义哲学等课程。主要在于培养学生洞察社会，认识事物规律和本质的能力，并进而培养学生科学的思维方式和求真务实的探索精神。

心理、健康教育：心理、健康教育含心理学概论、青年心理学、创造心理学、大学生健康教育等课程。它主要在于培养学生良好的心态和健康的心理，引导学生探索新知、勇于质疑的创新思维，努力培养学生的创新人格。

科学、技术教育：科学、技术教育含科技发展概论、现代媒体与传播、信息采集与发布等课程。主要在于加强学生对科学技术工具性价值的理解与把握，弘扬科学精神，提高大学生的科学素养和科学探究精神。

社会、文化教育：社会、文化教育含社会学、中外文化概论、中国传统文化、东西方文化比较等课程。主要是在于加强大学生对社会关系、社会行为、文化发展、文化功能的认知和理解，培养学生的社会责任感、文化归属感。

管理、法律教育：管理、法律教育含管理学概论、法律基础等课程。主要在于让学生掌握必要的管理学知识和法律知识，培养现代管理理念和民主法治意识，以更好地适应经济社会发展和个人可持续发展的需要。

语言教育：语言教育含演讲与口才、社交礼仪等课程。主要以书面语言和口头语言的综合应用为训练核心，着重培养大学生在做人与做事等方面的技能与技巧。

综合教育：综合教育含职业规划、学习学等课程。主要对大学生的学习和生活给予理论上的指导和实践上的探索。

（二）蕴含人文气息的专业教育

在专业课教学中渗透人文精神、蕴含人文气息，并不是要求专业课教师必须讲授人文知识，而是指在专业教学中要向学生介绍学科产生的发展历史及前辈为该学科所做的努力而产生的科学精神；鼓励学生思考，培养学生的科学精神和创新意识；把人生观、价值观、思维方法、思想作风、治学态度传授给学生。

目前，我国大学教育仍然以专业教育为主，通过专业训练，养成专业素质，其主体是科学知识和科学文化的教育。因此，实施人文素质教育的关键和支撑点就在于挖掘专业本身所蕴含的人文精神，教会学生正确做人、做事、做学问的态度。教育必须以科学教育为基础，同时又必须以人文精神为价值导向。科学只有与人文结合，并接受人文的价值导向，才能真正服务于人类；而人文精神与专业教育的结合，可以达到实事求是、勇于创造的科学精神和为国家富强、人民富裕而奋斗的献身精神的统一。

1. 寻找专业教育与人文精神培养间的"视界融合"点

这里的"视界融合"，是指任何学科思想的发展都不是封闭、孤立的，而是在实践中进行交流的，师生会在这种交融中形成新的理解。科学与人文虽然有各自的内涵，但在精神这个最高层面上，两者是统一、融合的，都是对人的灵魂的教育，而非理智和知识的简单堆积，"化性为德"是它们共同的终极目标。所以，把专业教育的某一具体内容进行理性抽象式的"问题化"设计、分解，使之具备人文精神方面的创造性、分析性、思辨性和批判性等特质，就是专业教育与人文精神培养相融合，同时又能与学生达成主体理解的"视界融合"点。

2. 探索在专业教学中渗透人文教育内容的方式

在专业课教学中渗透人文精神，并无明确的一成不变的做法，不同的课程可以有不同的组织结构和传授重点、不同的传授视角与传授方式。重点可以通过以下几点来实现：

第一，通过科学哲学教育，学生树立辩证唯物主义的基本观点和正确的发展观、价值观、自然观等，注意把各科学的内容融入对科学知识的理解、形成和应用的过程之中，为学生提供一个认识科学进步的辩证发展背景，以利于学生透过对科学知识的学习，学会用辩证统一和联系发展的观点研究科学的基本问题。同时，在教学中，教师还要引导学生将科学与人类、自然、能源、环境等紧密联系起来加以综合研究，使学生学习和掌握认识科学、认识自然的基本方法，养成关心人类、保护自然的行为习惯，树立正确的自然观。

第二，将相关专业的科学方法论和科技发展史纳入该专业课的范围，培养学生思考问题的方法。科技发展史可以使学生领悟到科学活动是活生生的人的活动，科学的理论和知识是由人所创造的，不仅是人智力的结晶，而且是情感和意志的产物，凝聚了科学工作者的理想与追求，也是他们崇高品质的体现。这样在科学知识呈现在学生面前的同时，也使他们的价值追求和精神气质得以复生，人在科学知识中被凸现出来，科学知识也被赋予了人性。此外，每个专业领域都有自己的研究方法，将知识、方法及其发展历史结合起来，建立综合性的课程结构，确定共同的学术目标，可以将科学与社会、知识与责任、专业与历史联系起来，给学生更加广阔的视野，促使大学生对那些在人类发展进程中起过重大作用的科学事件和思想，从学科起源、本质、发展及其社会应用价值和由此产生的伦理和社会问题的角度进行思考。

第三，加强对科学精神和科学道德的培养。爱因斯坦在纪念居里夫人时说过："第一流人物对于时代和历史进程的意义在其道德品质方面，也许比单纯是才智成就方面还要大。"在专业课程内容教学中，介绍学科发展中优秀科学家献身真理的感人事迹，以激发学生产生崇高的正义感与社会责任感；介绍学科中与当前国计民生密切关联的知识，以激发学生献身于造福人类与社会的热情，所有这些在帮助学生掌握人文知识、培养人文素养方面都起到了很好的作用。同时，可以穿插一些科学发现的故事，向学生揭示自然奥秘是如何被揭开的，怎样提出问题，怎样解决问题，中间有些什么磨难等等，都会极大地鼓励学生从事科学研究的热情，帮助他们树立高尚的科学道德，掌握一定的科学道德规范，树立对国家、社会、科学的责任感、正义感和荣誉感，形成学生良好的科学伦理意识。

第四，提高专业教师的人文素养。由于施教者是教师，首先应当要求专业教师具有较高的人文素养，认识在自己所从事的专业领域里充满着人文因素，并能潜移默化地在自己的教学中用这种人文精神感染和熏陶学生。为此，应该鼓励专业教师通过多种途径来提高自己的人文素养，尽可能多读一些古今中外的文、史、哲、艺等方面的名著，寻找科学中本身就蕴含着的深刻的人文精神，想得"大"些、"广"些、"深"些，就需要注意在自己的教学中加以贯穿。

（三）外化行为模式的实验实训体系

实验实训是实验教学和实训教学的统称。实验是为了解决社会和自然问题，而在对应的科学研究中用来检验某种新的假说、假设、原理、理论，或者验证某种已经存在的假说、假设、原理、理论而进行的明确、具体、可操作、有数据、有算法、有责任的技术操作行为。实训则是专业技能实际训练的简称，是指在学校能控制的状态下，按照人才培养的规律与目标，对学生进行专业技术应用能力训练的教学过程。

实验实训是高等教育重要的培养途径。在人文素质教育中，实验实训也发挥着重要的作用，是整个人文素质教育教学过程中理论联系实际，培养学生实践能力的重要环节之一。

其实，实验实训中蕴含着丰富的人文素质教育内容。

其一，通过实验实训树立人与自然协调统一的观念。现代科学自然观是整体论和有机论的统一，它坚持人与自然的相互限定、相互依赖和相互包容，坚持人与自然的密切联系，它们是内在统一、不可分离的。如果通过实验实训将科学主义和人文主义有机联系，这必将有助于人与自然和谐统一自然观的形成。通过实验实训，掌握大自然规律，将来更好地利用大自然，使大自然为人类服务。通过物质组成、结构、功能、运动、规律的教学，使学生得出世界是物质的、物质是运动的、运动是有规律的等辩证唯物主义观点。

其二，通过实验实训了解人与社会的关系。科学包括基础科学、技术科学和应用科学，它们具有内在的联系，有许多实践领域能用科学知识和价值观分析一些社会问题，如人口、能源资源、生态环境问题，并做出正确的决策。

其三，通过实验实训学会正确处理人与人的关系。实验实训中有许多涉及接触自然、了解社会、培养团结协作精神以及社会活动能力的内容和环节，在收集处理信息、获取新知识以及分析解决问题过程中，必然要与人合作交往，创设良好的人际氛围，只有这样，才能收到较好的教学效果。

其四，通过实验实训加强学生的爱国主义、辩证唯物主义的教育和培养。通过实验实训可以帮助学生了解中国在自然科学方面取得的伟大成就，从而激发学生的爱国主义精神，激励他们献身科学，立志为国争光。在实验教学中所体现出来的科学态度、唯物史观、合作精神、遵守纪律、爱护公物、环保意识等等，都是典型而又实际的德育。如果教师因势利导，通过实验做相应的思想教育工作，不仅可以激发学生爱国、爱科学的热情，而且有助于学生树立攀登科学高峰、振兴中华的远大志向。因此，教师在实验教学中，应注意结合自己所教学科的特点，发掘其中的内在思想教育题材，以提高学生的整体素质。

其五，通过实验实训培养学生的科学精神。做实验可以引导学生探索科学知识，掌握相关的技能，学习科学的学习方法。由于教学上的实验往往就是教材上的难点内容，因此，通过实验有助于学生突破难点，将感性认识上升为理性知识。在做实验的过程中，能培养学生实事求是的学习态度、一丝不苟的工作精神及良好的生活习惯，从而提高学生的综合素质。通过对观察、分类、归纳、科学实验、科学调查等的介绍，引导学生培养参与意识，积极探讨现实问题，让学生理解科学研究工作是如何进行的，科学成果是如何获得的，科技工作者是如何建立自己的价值观、世界观、知识观的，从中培养科学态度、科学精神。

因此，应该着力构建蕴含人文精神的实验实训体系。

其一，在实验实训目的上要注入人文素质教育元素。当前，在科学教育中普遍存在忽视人文素质教育目标的现象，重教育的知识性、轻教育的人文性；重教师主导轻学生主体；重科学程序、轻灵活变通；重理论知识的传播、轻情感经验的积累；重理智控制、轻情感沟通等等，这势必难以达到良好的教学效果。因此，要加强人文素质教育，首先就要确立正确的教学目标，充分发挥科学的特点及其多元价值，重视学生知识、技能、心理、文化、审美等方面的差异，明确人文素质教育目标，加强教学过程中的人文环境意识，使科学教育与人文素质教育有机融合。

其二，在实验实训内容上挖掘人文因素。实验实训内容不仅是一个科学知识的逻辑体系，而且更重要的是通过知识反映出它包含的科学思想方法，反映其文化价值，充分挖掘自然科学的人文因素，创设情境诱发学生的学习兴趣，激发学生的灵感，尽可能地结合教学内容开展艺术、审美教育，注意教给学生学习中华民族文化、汲取民族精神的方法，培养学生的竞争意识、合作精神和坚强毅力；通过挖掘人文因素，使学生学到坚定的科学信仰、实事求是的科学精神与严谨、严密、严肃的科学态度。

其三，在实验实训中强化人文环境建设。要将人文精神的培养落到实处，必须高度突出实践的教学环节，创设民主、开放、活泼的情境；保证学生自探、自求、自创的时间，体现学生学习的主动性、灵活性、创造性，实现教学的民主性、启发性、多样性。为此，在教学过程中应努力做好教师与学生、学生与学生之间的交流与沟通，大胆地把信息技术和心理科学的成果应用于教学的改革实践，根据实验实训教学特点和人才成长的需要，建立活动式、参与式、发现式、探索式、创造式的人文素质实验实训体系，引导学生独立思考、敢于争辩、勇于探索和实践，使学生的科学知识、技能素质和人文素质得到自由、充分、和谐的发展。

其四，不断改进实验实训方法，注意体现出科学中的人文价值。在实验实训过程中引导学生体验人类追求真善美的精神，去感受生命的意义和生活的真谛。在实验实训中的求"真"教育，主要体现为科学精神的培养和求真方法的教育，具体体现为科学探索的热情、勇气，相互合作的精神和献身于探索真理和捍卫真理的精神，掌握探索真理的方法、技能，培养学生的创造性。求"善"教育主要是指通过对学生的道德认识、道德情感和道德能力及道德责任感的培养，使学生自觉地养成善待生命、善待自然、善待科学、善待技术的世界观和方法论，用人文精神中的"善"去抵御科学发展带来的"恶"，用"可持续发展"的理念去追求人与自然的和谐共处、协调发展。在实验实训中，教师还应注意"美"的教育，一方面教师应善于从纷繁复杂的科学理论中发掘、提炼出简洁、整齐、对称、有序的科学美，对学生进行审美教育；另一方面，应让学生明确美与真的联系，美可以用真，形式美可以成为科学家的一种直观判断，有助于科学的发现，良好的审美能力可以促进科学创造。

实验实训的着眼点和落脚点已不是知识、理论本身，而是营造了一种现实的场景、单纯的氛围，帮助学生理解、感受和领悟，通过观摩、对比、分析、思考、评估，使之做出适宜的行为选择，并在多次重复中得到固化，逐步成为思维定式和行为习惯。

二、第二课堂：校园文化洗礼

第二课堂是第一课堂的补充和延伸，主要体现为师生共同设计参与的校园文化活动，以及营造的特定文化氛围和精神环境。一所现代化的大学，必须有很高的文化品位，构筑一个富有活力的高尚的文化环境，形成一个朝气蓬勃的浓厚的学术氛围，充满求真的科学精神与求善的人文精神，教育人、启迪人、感染人、熏陶人、引导人，"和而不同"，充分调动人的主体的自觉性与积极性，滋养着优秀人才的成长。因此，良好的校园文化，可以发挥环境氛围对于人的潜移默化的洗礼作用，同时展示独特的人文精神。具体表现为以下方面：

1. 物质文化。物质文化形态是校园文化氛围的外在标志，是育人的物质基础。校园里的建筑布局、绿化卫生、创意雕塑与人文景观的设置，构成了校园的物质文化形态，这是校园形象和精神风貌的物质依托，它所蕴含的"精、气、神"体现了一个学校的文化内涵，对于增强凝聚力、陶冶情操、享受美感、塑造心灵、升华精神起着极其重要的作用。大学生每天都生活在校园中，环境的变化与他们的切身利益息息相关，要利用好校园的绿化、美化，使校园环境的主题充满人文教育的文化品位，为人文素质教育服务。

2. 媒体文化。媒体文化形态是校园文化氛围的直接体现。它包括校报、校刊、广播、电视、画廊、黑板报、宣传标语以及校歌、校训等等。发挥大众传媒信息量大、覆盖面广、影响力强的优势，对学生产生直接而深远的影响，有利于提高学生的道德水平和思想境界。各种格言警句醒目地挂放在广场、花园、草坪、教室中，每个局部环境都与整体人文环境相映衬，内容与形式协调一致、美观大方、富于艺术感，洋溢着文明、健康、奋进、向上的氛围，对学生产生有效的浸润、熏陶作用。

3. 文化活动。文化活动形态是校园文化氛围的内在表现。它是通过各类的演出、竞赛、讲座、沙龙等形式，让学生在其中发挥自己的特长，发展自己的个性，不断增强自信，勇于创新，勇于竞争，经受挫折和磨炼，不断优化自己的思想心理素质，从而促使自己综合发展、全面提高。加拿大阿尔伯塔大学名誉校长罗德里克·弗雷泽博士曾35次来中国，针对目前中国将创新人才的培养列为国家战略，他强调指出，大学要关注学生的全面发展，除了知识、娱乐、体育，课外活动也非常重要，它们对大学生的人文素质培养将起到辐射、带动、诱导的作用。

4. 精神文化。精神文化形态是校园文化氛围的灵魂所在，也就是常说的"大学精神"。它主要体现在各种校园活动中学生所表现出来的特有的风格，涉及学生理想的追求、观念的转变、道德的修养、人格的塑造、行为的自律、心理的优化、纪律的约束等各个方面，从而成为激励学生向上的精神力量，虽然不像学科课程组织得那么严密，但它时时处处都在影响着学生，不知不觉地渗透在学生的意识中，促使他们"精神成人"。当前的大学教育应该创造氛围，通过开学典礼、毕业典礼、校史教育、校园电子地图等具有特殊教育意义的形式，让学生由知校而爱校、由爱校而誉校，由此不断丰富校园的人文内涵，对学生进行"人文洗礼"。

为配合人文素质教育，校园文化氛围的营造可以从以下几个方面入手：一是开展广泛的读书活动，督促学生"读好书、精读书、会评书"，学校依据学生年级和专业的不同来推荐人文学科阅读书目，并由教师予以引导，培养学生的人文底蕴。二是邀请校内外知名专家学者举办文、史、哲、艺等人文素质教育讲座，引导学生热爱知识，追求真理，端正人生态度。三是积极开展各种校内学习活动。人文知识的积累主要是依靠学习，但知识内化为人文精神主要靠学生的体验和领悟，这些都需要在实践过程中完成，一方面是通过各种学生社团展开，另一方面还有集体组织的青年志愿者活动、社区援助活动、勤工俭学活动和社会调查活动等。四是适时开展相关的探索创作竞赛活动，引导和鼓励学生的人文志趣，开发展示其人文特长，锻炼提升其人文素质。学校要为学生各种实践活动的开展提供必要的条件，鼓励学生社团的成长和学生参与实践的热情，并给予适当的指导。

三、第三课堂：行为践履强化

校外社会实践向来被称为高校的"第三课堂"，这个课堂既是求真的过程，又是获得体验、熏染感情的途径。大学生通过实践活动,既可以检验、应用所学知识,又可以开阔视野,锻炼各种能力,从而提高人文素质和科学素质,达到文化重建自我与社会本质要求的统一。因而,走出校门投身社会实践活动,让各种人文知识积淀接受社会现实的检验和磨砺,有助于内化到精神世界,促进其人文素质外化为行为。

其一,社会实践可以使大学生对当今社会的现状有一个理性的认识,了解国情、社情、民情,汲取时代精神的养料,批判更新各种不合时宜的观念和行为模式,有利于从整体上提高大学生的人文素质。

其二,社会实践可以使学生在实践中认识社会、改造自我、促进自身健康发展,反思人生价值观念,促进自我意识成熟,以达到人文素质培养与人文精神提升的最优化。这有赖于开发利用各类社会实践活动在学生自我表现、自我教育、自我管理、自我提高过程中的积极作用。

其三,社会实践可以帮助学生增强求知欲和责任感、使命感,在具体的工作环境中锻炼实践能力,培养敬业精神,加强文明修养,培养服务意识和奉献精神,并运用所掌握的知识为社会服务。反过来,此过程还有利于加深学生对当今世界政治、经济、文化、社会等问题的理解。

其四,开展社会公益等社会实践活动,有利于深化课堂教学,拓展人文教育的空间。从某种意义上说,这种来自现实社会实践的人文教育比在学校的教育更直接、更深刻也更持久,更能有机地将感性教育与理性教育结合起来,让学生在同民众的交往和参与社会公益活动中,吸收传统道德的精华,养成善德,锻炼善行,具备善心,学会理解人与人沟通与协作,在活动中培养大学生的公德意识和良好情操。学生通过公益活动,不仅熟悉自然的、人为的或社会的工作对象,学会如何分析问题和解决问题,学会如何做事,而且可广泛接触不同文化背景、不同文化习俗的人群,学会进行跨文化交流与合作,学会与人共处。从这样的实践活动中,学生通过交流、比较、思索、磨炼,就会逐步建立起健康的思想感情和合理的价值观念,使自己成熟起来。

其五,社会实践可以巩固和加深学生学习到的各种知识、扩大学生的知识面、发展学生独立思考的能力,更重要的是可以让学生在实践中提炼和强化人文素质的行为,发现社会行为,验证和发展社会行为,强化行为履行能力。

四、第四课堂：虚拟网络历练

第四课堂是在"三大课堂"基础上衍生的一种网络虚拟课堂。在当代，随着以计算机、通信技术和信息技术为支撑的电子信息网络在全球的高速发展和日臻完善，网络早已不只是一种简单的信息传递工具，它参与了现实社会生活的构建，为人们塑造了一个新的社会生活环境，使人类正在踏入一个新的实践空间——网络空间。在网络空间里，人文精神的发展不仅迎来了前所未有的机遇，而且同时也面临着极其严峻的挑战。就目前来看，当代大学生由于存在对网络价值、网络社会规则及其特点认识的不准确，导致在网络社会中价值标准失范、道德评判弱化的问题。要改变这种现状就必须切实加强大学生网络人文素质教育。

网络虚拟课堂虽置身虚拟环境，面临虚拟人群，但并非空对空的虚无，而是针对三大课堂覆盖不到的灰色地带，发挥着实实在在的影响作用。实际上，现今网络时代突出地暴露了严重的人文精神缺失与人文价值倒挂问题，必须植根于现实的网络社会文化土壤，在与网络时代的政治、经济、文化的互动过程中寻找人文素质教育新的生长点。从这个角度看，高等学校网络人文素质教育的基点是为学生指出积极向上的网络应用方向，提升他们的网络社会境界，陶冶他们的网络情感，帮助其了解网络社会，认清网络世界中的自我，从而形成内化于主体精神深处的网络人文品质，对网络社会的正确认识和责任感，引导学生的网络行为，使其更好地游走于网络社会的同时也要学会认知、学会做事、学会共同生活、学会生存。网络人文素质教育的内涵应该是更为具体、丰富和现实的，应当是生动活泼、贴近社会实际、贴近生活、贴近学生的，要针对大学生网络人文素质缺失的主要表现而有所取舍侧重。

开展第四课堂人文素质教育，要做到以下几点：

其一，实现网络历练，首先要认知与把握"网络之真"和"网络之善"。"网络之真"和"网络之善"在于基本精神即所谓自由、平等、资源共享。互联网本是一个推崇开放的世界，包容了多种文化元素，吸引了全球数亿人的眼球。它的出现让人们有可能更方便自由地了解自己想要了解的资讯，最大限度地延伸自己的眼界和生存空间，更重要的是可以让人们更自由地发表自己的见解，摆脱了宗教的、政治的、社会地位上的束缚。这一切如果没有

第三章 人文素质教育的原则、途径和方法

诚信作为基础是无法达到的，因为网络所体现的是无边的、开放的、变化的、分工却又相互协作的互动关系，自由、平等和真诚的交流是网络的真正精神，只有用这样的精神作为指导，才能使对话沟通成为可能，才能最大限度地解放人的精神世界，才能创造出新的思想和新的思路。大学生只有做到对"网络之真"和"网络之善"的准确认知与把握，才能形成对网络社会的责任感，才会转而自觉地共建和维护现实社会的"真"和"善"。

其二，实现网络历练，要对网络中的观念和行为加以有效引导。美国著名社会学家曼纽尔·卡斯泰尔说，信息技术的发展使得"地域性解体脱离了文化、历史、地理的意义，并重新整合进功能性的网络或意向拼贴之中，导致流动空间取代了地方空间。当过去、现在与未来都可以在同一则信息里被预先设定而彼此互动时，时间也在这个新沟通系统里被消除了"。其结果是"流动的空间"与"无时间的时间"正在成为新文化的物质基础。网络上的意识形态摆脱了民族、国家或社会的界限，外来文化的精华与本土优秀传统文化的创造力在这里碰撞并以多样复杂的方式结合在一起，应当怎样去面对，怎样进行消化、吸收？网络中哪些信息能陶冶我们的思想和情操？哪些信息对我们是健康有价值的？哪些是虚假不可信甚至是陷阱？应当怎样辨别、剔除糟粕取其精华、去伪存真？当代大学生无法回避这个问题，需要在网络人文素质教育中加以重视和引导。

其三，实现网络历练，要着力于对大学生网络道德的培养。网上的一切活动以及人们的道德和文化素质难以跟上数字化的发展。网络的虚拟性使网络社会中的道德具有非控性、开放性、自主性、多元性，而现实生活中的传统道德准则无法约束网上言行，易导致大学生网络道德意识低下，也将对大学生的传统道德观念及日常行为产生较大的负面影响。所以高校网络人文素质教育应阐述传统道德与网络道德的关系，明确指出网络道德是传统道德的发展和延伸。每一次网络言行都是在营造新的网络文化，因为既然网络和现实生活有关，所以网络本身所具有的人文精神，就一定会与现实生活的某种方式有联系，数字化时代的到来和数字化所能提供的生活方式，都不能独立于现实生活之外。网络既然是高度发展的文明社会的产物，它就必须有文明发展的规则。其是要通过网络人文素质教育使高尚的网络道德行为准则深入人心，以指导大学生文明上网。

其四，实现网络历练，要加强对大学生的网络心理疏导。网络给大学生带来积极影响的同时也可能对其生活方式、心理行为产生负面的影响。因过度使用网络而导致诸如情绪障碍、社会适应不良等心理行为问题日益增多，引起了社会的广泛关注。保持健康的网络心理，已成为大学生心理问题的一个焦点，也是高等教育工作者所面临的新课题。所以高校网络人文素质教育必须重视网络对大学生心理发展与健康的影响，适当干预网络性心理障碍，破解网络性心理障碍的成因、危害，研究解决如何预防网络心理问题等。

其五，实现网络历练，要力补大学生网络法律观念的缺失。尽管网络是虚拟空间，但其中的行为仍然是实在的，丝毫没有脱离开人类社会，只是具体行为方式发生了改变。因此，网络上的任何言行必然会受到现实中的法律制约。网络法律问题产生于网络的应用之中，大学生在网络上也应有法律意识。近年来，网络所反映出来的法律问题呈上升趋势，有关网络的案例不断发生，这与上网者的网络法律意识普遍淡薄不无关系，而法律意识的缺失归根结底在于人文素质的缺失，故可以用人文素质与网络法律意识相配套，使得两手抓、两手硬。

第三节　人文素质教育的方法

人文素质教育方法是教育者为了实现人文素质教育目标，传递人文素质教育内容，对受教育者采取的思想方法和工作方法。人文素质教育的方法有宽有窄、有点有面，涉及方法论方法、研究方法、教学方法、学习方法等，本节不一一赘述。前述人文素质教育的原则和途径，实际上也是一种人文素质教育的方法，是人文素质教育的一般方法和基本方法。本节着重从教育者角度，从选择教育内容入手，就实施教育的方法进行阐述。主要包括学科交叉法、中西融合法、古今搭桥法和就地取材法。

一、学科交叉法

所谓学科交叉法，是指在人文素质教育过程中教育者充分挖掘和整合不同学科中有利于受教育者丰富人文知识、提升人文素质、形成人文精神素材的方法。即高校教师在实施教育时需有多学科的视域，从学科上进行比较透彻而全面的领会和思考，并聚焦于文与理、文与文等不同学科的交叉结合处，从中研究出寻找人文素质教育的素材和资源。

学科交叉是科研思想的来源，因为传统单一学科发展到一定时期，会遇到瓶颈甚至极限。当代科学技术发展的一个重要特点是综合化和交叉发展，许多新学科都是在两个或多个学科的交叉点处生长和发展起来的。随着学科交叉融合进一步加快，科学家不能再局限于本学科领域方面单纯的研究，必须注重跟其他学科领域的科学家共同探讨、共同发展、交叉融合、共同合作，将一个学科发展成熟的知识、技术和方法应用到另一学科的前沿，这样能够产生重大的创新成果。

学科交叉也是人文素质教育的方法。高明的教育者善于利用自身积累的知识优势，发展学科交叉的切入点，及时开辟新的教育内容和方向。更新教育内容意味着突出现代、反映前沿、追踪发展和学科交叉。教育者不能只看自己所在学科的教材和图书，而是应关注相邻学科及其结合部，不断学习相关学科和交叉学科知识，建立交叉学科教学项目，着眼从单一学科角度无法充分分析的主题的学习研究，形成一种学科交叉的教育视角。

学科交叉方法的长处：一是有助于教育者扩充教育视域，更新教育内容，提升教育层次，达到人文素质教育的新颖性、前沿性、学理性；二是有助于受教育者即大学生培养学科交叉的思维习惯，赋予未来的公民和领袖以足够的知性，分析、评价及综合不同来源的信息得出合理的决定。

对学科交叉方法的质疑主要集中在认为这种方法缺乏综合性，即教育者选取多学科的视角，却没有充分的指导以克服学科间的冲突，获得对问题的综合认识，且只有少数学生才具备所要求的知识和智力的成熟性。对这种方法的质疑虽值得重视，但不可因噎废食地对方法加以否定。

二、中西融合法

中西融合法是指人文素质教育者充分挖掘和整合中国与外国文化中精华部分和积极因素，来获取人文素质教育素材的方法。

一个大学的人文素质教育承担着传承和光大民族文化传统的责任。这种传统的伟大之处之一在于帮助参与其中的人们将传统生活化、日常化，从而建立属于自己的文化认同。而文化认同的建立应该有海纳百川的胸襟，而且往往是像卡尔维诺在《为什么读经典》中指出的那样，从经典文本教育开始，然后逐渐向历史哲学延伸，向古今中外纵横，也就是钱钟书先生提倡的古今中外的打通。"打通"目的旨在创造扎实的学术基础、健全的人格以及有趣的文化生活。

　　然而，人文素质教育的全部功能不仅仅在于传承培养传统、建构文化认同。在了解传统、确立自己的身份之后，反过来更要鼓励文化多元，培养国际视野。尤其是当中国学府、学生出现在国际交流的舞台上，便更加迫切地需要接受人文素质教育并以此了解"文化多元"的意义。合格的人文素质教育带来的文化认同，在全球化的语境下，多多少少会带着"文化多元"的色彩。

　　因此，中国的人文素质教育者应多多关注西方通行的现代科学教育与人文素质教育的融合的精髓，引导学生主动发现所在学科的人文性，欣赏国内外名家的人文论述，开发具体学科中的人文内涵，是培养学生人文精神的有效途径之一。在教学过程中，可以结合教学内容为学生展示中外学者对学科知识、实践的人文性的不同观点。由此，人文内涵不是仅以中国独有独大的东西被简单的推崇，而是将其合理地搁置于现代学科教育的框架之内，作为专业教育活动的一种有机构成要素被吸收、消化、融合。

三、古今搭桥法

　　古今搭桥法是指人文素质教育者以传承和扬弃的态度，从历史典籍和传统文化中充分挖掘和整合不同历史时期人文素质教育素材的方法。

　　有人说"通于古者知于今"，也有人认为知今便难通古。而如果能融汇古今，善于在历史与现实之间来回穿梭，则可能通古今之变，成一家之言。

　　首先要知古守根。现实是历史的延续，它本身也要演变为历史。在很大程度上，人文素质教育必须回归、再造传统，到历史中去寻找可资批判继承与参考借鉴的人文遗产。作为一个有着悠久历史的文明古国，中国传统文化中有着取之不尽的人文素质教育资源，产生过众多杰出的圣贤，他们怀着卓绝的理想，持有坚定的信心，表现出了自强不息、超凡脱俗的精神境界。重新激活这些资源，让他们在现代大学的人文教化中发挥作用，是现代教育弘扬人文精神的重要内容，也是富有时代意义的课题。在现代汪洋似海的大学校园中，应保留教育理想，使人文素质教育有憩息、舒展、生长的空间，从而为大学保留一片学习园地。教育者应该有针对性地改革教育的僵硬模式，在及时反映当代中国马克思主义发展的最新成果的同时，将人文素质教育的精华融入其中，并不断丰富教学形式，以增强教育的吸引力和感染力。

在中国历史上，非宗教的、具有浓厚理性主义和人文精神的儒家文化占据着统治地位，科举考试以古典人文学科知识作为主要标准；宋代以后各朝统治者不仅右文左武，以文臣出相入将，而且公开标榜"以文教立国"。现今加强大学生的人文素质教育，力求兼收学习人文知识、陶融人文精神之效。特别是在经济全球化、文化多元化的时代背景下，外来文化不断侵蚀着我们的文明，应该"和而不同"，在吸收外来文化的同时，我们首先要保住源远流长、博大精深的中华民族文化的根本。在现在的大学生中，民族文化的根底太浅太贫乏，而且整个社会都普遍趋于浮躁。倡兴国学，资人励己以传民族大义显得尤为紧迫和重要。

其次要知今守望。要把人文素质教育与当代社会现实及大学生实际紧密结合起来，从实际出发，根据学生知识结构和接受心理，有计划、有针对性地进行循序渐进的教育，并在教育方式上有所调整和创新。在教学内容上，要打破传统的程式化条块的分析模式，注重挖掘人文精神，使学生在潜移默化中受到优秀古典人文精神的熏染，将传统文化与学生人文素质培养结合起来，充分发挥人文素质教育的功能，用传统文化的麟髓凤乳滋养学生的精神生命，使其内化为学生的精神品格、气质修养。在教育手段上，要采用现代教育技术来普及传统文化，一些古典人文作品可能文字艰深，不宜全盘口述，而是以图像、声音、动画配合文字，则更有助于加强教学的直观性和生动性。以图而言，中国古代丰富的文化遗迹，如甲骨、帛书、绘画、雕刻、封建王朝的疆域版图；以声而论，如诗词诵读、古曲演奏、古典戏曲片段等，都会得到生动直观的展示，从而增强教学效果。让学生在选择接受西方文明的同时更感受到与之相比毫不逊色的中华优秀传统文化,掌握学术知识之余也提高自己的精神修养,其作用是"润物细无声"的。

四、就地取材法

就地取材法是指利用当地的文化资源进行人文素质教育的方法,即高校教师在实施教育时应注意发掘本国、本省特别是本地本校的教育资源,要选取靠近师生身边的典型文化载体、事件、人物,加以去粗取精、去伪存真、由表及里的分析评判,以达到人文素质教育特定效果的方法。

传统文化中的各地地方文化,如乡土地理、民风习俗、历史人物、生产和生活经验等,是中华文化的重要组成部分,是中华文化形成和发展的土壤。正如著名民俗学专家陈勤建教授所说:"我们民族文化的DNA,存在于民俗、民间文化之中。"地方文化作为地方的人来说,就是基因文化,它具有独特性、亲切性、实践性。利用地方文化资源,有利于建构以人文素养为目的的课程体系;有利于焕发出融入灵魂深处的文化基因;有利于在文化的继承与发展中形成各自的特色。在高校人文素质教育中,地方文化资源值得我们去发掘和利用。

利用就地取材法可以实施一种内容极为广泛、密切联系地方实际的有鲜明地方特征的人文素质教育。可依据当地的政治、经济、文化、民族等发展需要,利用地方人文资源而开发,反映地方社会发展实际及其人才培养的需求,实现与学生的现实生活发生多方面的、多层次的联系,重建学生的精神生活,真正赋予学生生活的意义价值,让学生成为学习活动的主体、个体生活的主体和社会活动的主体。

由于各地经济文化发展的不平衡和自然环境的千差万别,城市与农村、发达地区和欠发达地区的教育资源的拥有量也不相同。因此要尽可能就地取材,选择资源方向、确定指导力量、获得信息资源的途径,制定出合适的办法。从贴近生活、贴近社会、贴近学生出发,丰富和修订教育资源,突出中华民族的优秀传统,同时从文、史、哲等方面精选学习主题,让学生在走进自然、走进社会、走进人生的过程中,学会正确处理个人与自我、个人与自然、个人与家庭、个人与社区、个人与学校、个人与国家、个人与世界的关系,逐步形成正确的人生观和价值观。

在此过程中可以开发、利用以下资源：地方人文资源，如文化古迹、革命历史遗址、风景名胜、民俗民风等；专业职能部门或机构的资源，如大专院校、科研机构、企事业单位的专家、学者、研究人员及相关设备等，实现多种资源的交融；文献资源，如电影、电视、广播、录音带、录像带等音像制品；社区文化机构资源，如博物馆的收藏品，书店、图书城的书籍、刊物、报纸等；科普教育职能机构的资源，如省市、地县（区）科协、学会的专家、青少年活动中心等校外教育基地的教师及设备等；大众视听传媒资源，如博物馆、体育馆、美术馆、文化宫、展览馆、公园等；电子信息资源，如计算机网络、多媒体课件等，来实现资源共享。

在就地取材法的实践中，从第一课堂来说，可通过在人文素质课程体系中增加地方文化选修课、在编写有关人文素质课程的教材中利用地方文化素材、在人文素质课程教学过程中融入地方文化元素以及鼓励和引导学生自主探究地方文化精髓等方式让地方文化资源"进课堂"，从而优化人文素质教育的课程结构，丰富教学内容；从第二课堂来说，可通过开展以地方风情为题材的书画、摄影竞赛和作品展，组织以民俗采风为内容的征文比赛和文学交流活动，将地方民歌、地方剧种搬上校园舞台等方式让地方文化资源"进校园"，从而丰富校园文化内容，提高活动吸引力和学生的参与热情；从第三课堂来说，可将社会实践活动和地方文化资源结合起来，开展"三下乡""四进社区"活动，有针对性地安排学生深入农村、深入地方、深入地方名胜古迹，面对既熟悉又从未深究的地方文化，让学生去观察、考察、调查、体验、访问，为学生提供更为实际、更为真实的学习情境，将书本知识与学生生活、社会实际有机地整合起来，操作起来既经济又简便易行。

实施就地取材法要求查阅相关资料，查检出有关地域人文、文化习俗等史料；走向社会调查访问、实地考察和上网方式收集材料，并对这些资料进行初步的筛选、摘录和整理；走访村镇中的老人、群众，了解相关古老传说和奇闻逸事。这样积累大量的直接或间接的资料，由于比较原始，需要对这些材料进行整合，使之与学生的实际和教学的实际相符合；将学生收集到的资源进行整理，并对这些资源按照一定的类型和逻辑顺序进行组合、整编和归类，使之更加有效和有序。通过这种手段，把来自各个渠道的资料加以考证、比较、增删等，以达到去粗留精、去伪存真的目的，使之更具系统性。

第四章　人文素质教育的价值与功能

　　人文素质教育的重要作用，源自对教育对象未来角色作用的预知把握，更受制于社会经济、政治、文化发展对人才的需求期待，人文素质的社会期望值通常与其所受的教育程度成正比；而作为高等教育的着力点之一，好的人文素质培养，在社会模型塑造中有着深层的建构意义。对个体，它是长大成人、明辨是非和推陈出新的前提；对社会，具有连接个体与社会、孵化素养为能力、在思想和知识之间培育文化自觉意识诸方面的功能。因此，明确人文素质教育的地位，探究人文素质教育的价值，发现人文素质教育的功能，便是在开展人文素质教育之前必须清楚明了的理论前提。

第一节　人文素质教育的个体价值

　　从根本上来说，人文素质教育和人的尊严的确立有关，它是人类在安身立命过程中对自身价值的发现和肯定，在以艺术修养、人格气质和文化行为形态表现的面貌中呈现出来。因此，从教育的角度来说，人文素质教育区别于单纯知识性和技能性教育，在塑造人格方面，具有直接为教育目的服务的性质。

　　在人文素质教育的推广中，目前更多的是以通识教育的方式进行，使得人文素质和通识教育之间具有通约性。在这一点上，东西方是比较一致的，中国自古以来，都是以儒家文化思想为核心的人的教育就极其重视通识教育或说人文素质教育，其教育目的是为社会培育大量的官员后备军，为国家意识形态服务。而强调学生的人文素质，不仅是中国传统教育的核心内容，而且是西方特别是美国教育的核心内容。著名的哈钦斯理念便是美国现代大学在历史转轨期形成的,这一理念现在已经成为经典,并贯穿在美国各个大学之中。"二战"期间哈佛大学校长科南特指出:"无论在信息时代可以获取多少信息,无论在技术时代发展多少专业技术,无论数学、物理、生物科学如何发达,无论可以掌握多少外国语言,所有这些都加起来仍然不足以提供一个真正充分的教育基础。因为所有这些都加在一起仍然没有触及最基本的问题:什么是'我们(美国)的文化模式',或什么是传统形成的智慧。"科南特提出:"现代通识教育的核心问题是继承西方古典的人文教育传统,关注的是'如果我们的文明要保存'而必须考虑最基本的问题。"从这里可以清晰地看到,美国的通识教育实际上是为"美国意识"服务的,它的目的就是要打造以"美国文化"为核心的课程体系,自觉地承担为美国现代社会奠定共同文化基础的责任。因此,从西方现代大学的建立来看,人文素质教育的地位非常重要,它直接与教育目的联系在一起。

从历史的角度来说,人文精神主要源于西方文艺复兴时代,它和人文学科密切相关,文艺复兴时期的人文精神实际上是反对神学的一统天下,从教育的角度说,人文教育随着资本主义的发展有逐渐式微的轨迹,特别是随着职业化教育,人文精神逐渐被边缘化,资本的大肆横行、拜金主义和商业利益的无处不在,使得西方也面临着人文精神的沦落。随着现代化进程在我国的推进,当前人文教育的提出一方面是基于职业化教育对人文精神的淡漠,另一方面是社会道德的转型,特别是资本人格对人文精神的挑战引起的,这是人文素质教育引起思索的主要原因。所以从地位角度来说,人文素质教育与国家政治的关系密不可分。

其实,人文素质教育具有一种社会基础建构的意义,它更多的还是倾向于社会人的基本素质的培养。因为人文素质教育与国家人才培养目标之间是十分关联的:人文素质教育与国家教育方针的指向是一致的;人文素质教育与国家人才需求预期是契合的;人文素质教育对建设和谐社会的作用是积极正面的。这几个方面关系的妥善处理,是相关人文素质教育的教育者在特定时代语境中必须注意的。因为从来就没有脱离开特定时代语境的人文素质教育,同样,反过来说,任何一个时代的主流意识形态,必然要求其人文素质教育与其意识形态相协调,这是思考这一问题时的前提即时代语境要求,简单地说,人文素质教育离不开历史实践的具体面貌,从来没有抽象的人文素质教育，它与国家意识形态之间有着密不可分的关系，从而成为国家教育方针的一个重要构成方面，体现着国家意志。对国家意识形态建设来说，人文素质教育具有基础性的建构意义。

总而言之，人文素质教育的地位不仅从在学术和文化角度看很重要，而且从政治角度来认识也非常重要，它直接关系到了国家和民族精神的建构问题。当然，与国家意识形态密切相关的人文素质教育还必须最终落实在个体层面上回答人文素质教育的个体价值问题。

一、明辨的前提

明辨是对"成人"的理性要求，符合当代的时代特点。但是随着时代的变化，明辨的内容也在变化。在中国传统文化中，明辨是非是和封建的伦理道德相关的；而在西方，明辨和资本主义文明密不可分，不同的语境会造成人们判断事物、明辨是非的不同标准。而在当代中国正走向宏大的历史拐点之时，确立明辨能力的重要性及其在人文素质教育中的重要地位，就非常的必要和及时。因为时代飞速发展而造成的判断标准的模糊和变动，是对于人的明辨能力是一个痛苦的折磨，每一种价值观都来表演，哪些是恒久的珍珠？哪些是炫目的水滴？又有哪些是虚幻的影子？这是个问题。

好的人文素质教育则极具明辨功能。因为人文素质教育是从人的完整性出发的教育，因此更注重每个人在现实生活中，特别是在群体社会生活中的位置，更加强调"和谐人伦"的功能，它有助于提高人们的认识能力，明辨是非。英国哲学家培根说过："读书使人头脑充实，讨论使人明辨是非，做笔记则能使知识精确。"它强调了人面向现实社会应取的态度，当然在培根那里，这是一种理性主义的态度，带有18世纪理性主义哲学盛行时期人们的价值观。在中国，孟子强调了四端："恻隐之心，仁之端也；羞恶之心，义之端也；辞让之心，礼之端也；是非之心，智之端也。""四端"之说实际上给人树立了基本的底线，能在两千多年里起到教化人心、醇化民风的作用——尽管它并不完全适应今天的需要。

人文素质教育的目的不仅仅是对公德的常识性的认识，从更高的角度说是培养人具有思想的力量。明辨是非，来源于思想的力量。在现实中，人人都有彷徨时，文化的普遍倾向是对人的软弱之处进行"去蔽"或"遮蔽"，对生命的"无奈性"的思考以及由这种思考而来的对这种无奈的"论说"往往面对的都是"非体验"性的反驳。"消极"两个字是最简便的武器,"颓废"是很容易的命名,殊不知在命名的背后是致命的疏离,他对"生命感"视而不见。那些人类思想史上闪烁的群星,无不是在困境中挣扎的灵魂,他们发出的声音恰恰是对痛苦、无奈、不幸和困惑的挑战,恐惧和对不可知世界的迷惑是促使我们逃离黑暗的真正动力,正如柏拉图那句名言——实际上,光明是在黑暗中诞生的。所以,应当给软弱、徘徊、犹豫、困惑、孤独、苦闷、恐惧以应有的空间,给予懦弱和流泪以相当的宽容;从心理学的角度讲,人类的情感应该是全面的,但是社会则有其主导倾向,因此在人和社会之间就出现了裂隙,这裂隙实际上就是一个空间,对这一空间的态度决定了社会的宽容度,决定了一个时代的气度。当一个时代能够尊重每一个具体的人的情感世界,而不是以道德或其他什么的名义随意地践踏个体的内心生活时,这个时代或这个世界应该是清澈的。这样的世界色彩斑斓,有疾风暴雨,也会有鸟语花香,那不应该仅仅是一个童话世界。在学术性的研究领域中,有一种研究应该是带有感情的研究,甚至要与学术性相互拉开一定的距离才好;这种力量将是明辨是非的感性的力量、内在的力量。在学术或知识分子的身份思考中,真正的知识分子不仅仅是突破了专业领域的"权威"这一命名的限制,不仅仅是拥有社会关怀、政治参与的意识,而且要在国家意识的宏大抱负中,前提性地加上一个重要元素:以一个个人的名义向理想出发,而不仅仅是某种观念的代言人。需要信奉的是:只要思想在,拥有明辨是非的能力,人们就有足够的勇气从柏拉图的黑洞中逃离出来。虽然这是柏拉图的悖论,却是人类的希望。

二、创新的基础

创新是引领世界的潮头,但并不是人类幸福的尺度。人文素质教育的目标则是使创新能够在"为人类谋求幸福"的尺度内开展。人文素质教育可以从技能上培训创新的基础能力,更要在智慧上使人懂得创新的意义,它可以给人以积极进取的人文精神和文史哲修养,激励人们不断创新。可以说,人文素质教育是激发人们创新的基础。

1. 人文素质水平是创新能力的标志,它为创新指明方向。因为人文素质的目的在于人类的幸福,而在自然科学领域,创新则是科学与技术的更新,这种更新必须以人类的幸福为目标。如果没有人文标杆,创新则容易走向褊狭的道路。所以,只有单纯的科学研究是不行的,历史上,发明原子弹的美国科学家奥本海默晚年对此曾有过深深的忏悔,正说明人文素质的终极作用。在人类历史上,正是那些怀有幸福观念的科学家,为了人类的幸福而去努力创造,面对神秘的自然和外在世界思考和发明,在他们心中,这样的幸福观念乃是创新的根本动力。

2. 依附人文素质的综合能力,是创新的前提。在人文素质基础上产生的综合能力包括合作精神、心理素质、情感力量等,都是创新必不可少的前提。科学的创新,要避免过于冷漠的情怀;不善于合作,也难以有重大的发明创造。当代的科学发展日新月异,仅靠个人的力量是远远不够的。协调一个团队,共同完成一个目标,不仅需要知识,还需要集体意识和共同理想,需要情感的关怀和人性的同情、理解,在心理层面,更需要开阔的胸怀。在占有自然知识的前提下,音乐、绘画和文学艺术等都有助于培养科学家的敏感性,把握自然的奥秘。正像爱因斯坦拉小提琴一样,成为创新乐章中美妙的旋律。

3. 从国家和民族的角度来说,创新也需要民族情感和共同理想。任何一个人都无法脱离开他生存的土壤,民族情感是千百年来源于血缘的内在积淀,是无法割舍掉的亲情所在,也是人之为人的精神命脉,它会成为强大的创新动力。而爱国情怀和民族情结是人文素质的重要内涵,它天然地成为人文素质教育对创新能力的前提要求和内容。我们所熟知的波兰科学家居里夫人,从青年时代起就远离祖国,到法国求学。但是她时刻也没有忘记自己的祖国,以自己祖国命名她发现的化学元素,而这一化学元素也以"钋"这一名字印证了我们关于人文素质教育重要性的主张。

4. 在教育的具体层面,创新则需要改变教育模式。在具体个人修养层面,则需要注重:①道德素质,这是一个人最基本的素质。严格地说,它应该在儿童时期就要养成,而不能到大学阶段才进行培养,比如"讲究卫生""遵守公共规则""交往的礼节"等就是一个公民社会必备的要素。②智力素质,这是求知的能力,从知识的创新角度来说,基本的智力素质是必需的,它是一个人未来探索和研究的必要前提。这一素质包括一个人的智商、逻辑能力、语言表达能力、洞察力和艺术敏感力等。③身心素质，即一个人的自然身体状况以及心理水平，在如今这个剧烈变化的时代，心理素质在某种意义上甚至成为关键时刻的决定性因素。现在在很多大学有一个口号："每天锻炼一小时，努力工作五十年。"这个口号实际上揭示了身体素质与创造、创新之间的关系，身体是一个1，其他则是后面的0，没有这个1，有多少0都是空的。④劳动素质，也即实践能力。在创新面前，尤其是技术创新面前，动手操作等实践能力显得尤为重要，它是一个人独立和健康发展的自然基础，也是创新的前提保障。⑤审美素质，这是决定创新水平高低的一个要素，说到底，创新都是为人服务的，是为了实现人的理想。所以，一定的审美素质是必需的，它对创新的结果有着重要的意义。这五种素质和国家教育方针是一致的，"德、智、体、美、劳"发展全面的人就是教育的目的之所在。当然，在大学阶段，人文素质教育还有一些比较具体而精微的目标。

关于创新的思考，一般来说还要注意：其一，创新不是一个绝对命令。不是什么事情加上创新两个字就具有合法性，以为有了创新就能解决任何问题。比如，有些观念、认识和有些人的幸福则是以古朴为追求。这说明人文精神方面的幸福感和物质满足之间不是必然逻辑，而是应然逻辑，它和主体的心态有关。其二，创新不仅仅是技术层面的，它也包括精神领域的探索，特别是和人性密切相关的领域，也存在精神面貌的新的体验；但是要特别注意的是这种体验必须和人类的幸福有关，那种以戕害人类幸福为代价的所谓新玩意、新武器、新方式，从严格的意义上说不属于创新的范畴，反而是需要人类去剔除和克服的。其三，创新的手段和技巧与人们的认识水平和实践空间有关。所以，创新的外部语境非常重要，甚至可以说，创新是由其外部的刺激而出现的内部变化。

第二节　人文素质教育的社会价值

大学生作为未来社会的主要成员，他们不仅担负着劳动者的名分，还担负着文化传承的名分。因为他们所受过的高等教育必然使他们多了一份文化责任，以及不断提高劳动乐趣的义务。这就是大学生培养教育所具有的社会意义和社会价值。这种社会价值来源于和体现为社会需要。一个社会的稳定发展不仅来自政治、经济的推动，而且来自全体成员对这一社会的认同和参与程度。在个体与社会之间，社会成员的素质修养深层次地决定着个人与社会的和谐程度。因此，人文素质的程度水平非常重要，人文素质教育重要的社会意义也不言而喻。

从当代知识分子的角色地位来反思，已经由立法者的角色渐渐过渡到阐释者的角色，但是，公共知识分子的命名实际上还在起着时代意识形态建构的功能。在西方，围绕文化传承和价值关怀，一直有关于"知识分子"身份的反思，齐格蒙·鲍曼在他的《立法者与阐释者》一书中的观点值得关注："'知识分子'一词在20世纪初刚被创造出来的时候，是为了重申并复兴知识分子在启蒙时代的社会核心地位，重申并复兴知识分子在启蒙时代的与知识的生产和传播相关的总体性关怀。'知识分子'一词是用来指称一个由不同的职业人士所构建的集合体，其中包括小说家、诗人、艺术家、新闻记者、科学家和其他一些公众人物，这些公众人物通过影响国民思想、塑造政治领袖的行为来直接干预政治过程，并将此看作他们的道德责任和共同权利。'知识分子'一词被创造出来时，Les Philosophes（法国启蒙时代的哲学家群体，知识分子的代表）或Republique Des Lettres（文学共和国）的后代早已四分五裂了，他们散布于各自独立的专业领域中，他们各自对某一方面的问题感兴趣，他们只是关注某一局部的问题。因此，'知识分子'一词乃是一声战斗的号召，它的声音穿透了在各种不同的专业和各种不同的文艺门类之间的森严壁垒，在它们的上空回荡着；这一个词呼唤着'知识者'（men of knowledge）传统的复兴（或者可以说，这一词唤起了对于这一传统的集体记忆），这一'知识者'传统，体现并实践着真理、道德价值和审美判断这三者的统一。"以上论述中，齐格蒙·鲍曼阐释了对知识分子在当代的位置问题的理解。这一问题在中国传统文化中也存在，它涉及任何一个社会中意识形态建构的主体问题。在中国传统儒家文化体系中，"士人"集团实际上担负了国家意识形态的建构职责，体现了社会体系中思想和精神信仰的构筑功能。无论从中国古代社会状况，还是从西方古今社会面貌来看，知识分子的担当意识都是其社会责任的一部分。因此，考虑人文素质教育的社会价值，必然要从知识分子的信念与社会稳定、常识与社会进步和思想与社会批判入手。

一、信念与社会稳定

任何社会的稳定，都需要一个总体统一的价值观念和一个基本稳定的社会人群。从中国传统社会来看，儒家文化和士人乡绅集团构成了中国古代社会稳定的基本要素。在当代，社会主义核心价值观和知识群体就起到稳定社会的作用。因此，信仰的建立是在社会价值观念层面需要思考的重大问题。每一个社会都有建立在不同的政治、经济模式基础上的主流与核心的价值规范。对于一个社会来说，信仰的稳定性决定着人们的认知水平和行为能力，也维系着社会的稳定。

大家知道，以孔子为核心的儒家价值思想建立在对周代制度建设的思考之上。在陈来先生的《古代宗教与伦理——儒家思想的根源》一书中，他谈到了儒家文化建立之初的种种思考，这些思考实际上涉及从殷商以"宗教巫术"立国到周代以"人文伦理"立国的转换。在这一思考中可以发现，两千多年来中国的超稳定结构实际上有两个重要因素：一是"儒家"文化价值观念，二是存在一个"士人""乡绅"集团。这里"士人"和"乡绅"秉承一致的儒家价值观念，有天下担当时则为"士人"，治理家族时则为"乡绅"，并且"士人"和"乡绅"的角色可以随时转换。这样一种结构便为中国古代社会的稳定提供了"信仰"——作为一套价值观念，它在青年士子的成长过程中以"儒学"为人文素质教育的内容。儒家文化在中国传统社会中的价值规范作用说明，人文素质具有历史语境性内涵，换句话说，人文素质的要素并不是一成不变的，在一定的历史时期，它的基本内涵与社会历史发展状况相关。在中国传统社会，儒家理想和价值观必然成为人文素质教育的内容。

到了当代社会，儒家价值观念已经远远落后，但是其中的模式和某些人文因素还有参考价值，比如面对急速变化的现代性浪潮，如何看待"功利性"取向，如何看待"资本"的无孔不入等等，需要在信仰层面予以思考。可以说，在这个急速转轨的时代，为人文素质教育提供了机会，使得人文素质教育有了相应的价值，这便是确立信仰的价值。在过去中国社会转轨和剧烈动荡时期也是如此，许多仁人志士将信仰提到国民大计的高度去认识，说明信仰对于社会稳定的作用。

其实,信仰是人文素质的一个组成部分,可以应用于对公民的塑造;同时它又是超越人文素质的,有着跨越时间、民族和历史的终极意义。毫无疑问,在信仰层面的管理和建构,能够使一个时代趋向稳定。

自1840年开始,中国持续两千多年的儒家文化体系遭到了前所未有的挑战,伴随坚船利炮而来的不仅是工业文明,还有与这一文明相伴随的现代观念。从五四运动开始,"德先生"和"赛先生"便成为100多年来中国人奋斗的目标。今天,如果放在民族信仰的层面看待这一问题,就会发现,"德先生"和"赛先生"的追求,实际上是一种民族信仰危机下的选择,而这一选择必须与中国的实际情况相结合才有意义,即为上文谈到的"历史语境"的意义下,中国现代意识信仰才会产生。

二、常识与社会进步

何谓常识?孙中山在其《建国方略》中曾经指出:"凡欲固结吾国之人心,纠合吾国之民力者,不可不熟习此书。而遍传之于国人,使成为一普通之常识。"此处的常识,显然不同于"普通的知识""一般的知识"这样的含义。在对常识的理解上,英文中有以下几种理解:"general sense""common sense""mother wit""practical wisdom"。从以上关于常识的理解中,大致可以概括出"常识"的几种意义:第一,客观的、科学的常识;第二,社会的、规范的常识;第三,传承下来的智慧;第四,实践中获取的经验。常识并不都是进步的,需要注意常识与成规之间的区别、常识与人类认识水平的关系等之间的差别。但是,总体来说,今天所特别强调的常识,更是指一种共同认识,尤其强调的是公民社会建设时期的共同常识,它在某种意义上是用来对抗反科学、反民主的知识。

任何一个社会、时代都要有常识。常识是素质教育的一大主题。中国两千多年的旧文明建立在人伦与天伦统一和谐的常识判断基础上,中国人按照春、夏、秋、冬的自然变化管理着人间社会,包括儒家士人借此机会渗透他们的思想影响。在儒家文化价值观中,"天地君亲师、仁义礼智信"被塑造成常识,这是伦理的常识,它维护了以儒家文明为核心的中国两千多年的帝国时代。在民间语言上,对于践踏了伦理纲常的人,会被描述为"几于禽兽",即几乎等于禽兽,这个判断中已经将封建伦理道德变成了日常生活的当然准则。所以,封建时代的一些制度被称为"伦理纲常"。

西方社会亦是如此,在不同的历史阶段,其常识意识也有所不同。与此前的论述相同,常识也是有历史语境性的,在不同的时代和社会环境下,其常识观念也各不相同,一定会打上特定时代的"烙印"。西方以古希腊文明为核心的"城邦社会"、以希伯来文明为核心的宗法社会和近代以来的资本主义社会,其社会的核心价值观发生了变化,其常识意识也随之而变化。在资本主义文明的发展过程中,常识观念带给了社会以崭新的现代形态,这是在进行人文素质教育时应予借鉴的历史经验。

在一个全球化的时代,各种文明之间已经相互渗透,在各自文化独立性自我强调的同时,也是世界文化的不断交融。目前,我国所进行的社会主义建设,已经远远不同于过去,已经无法在一个封闭的思想下进行社会发展和改造,封闭已经不可能,特别是伴随网络时代的来临,公民意识和公民社会的建设已经步入正轨,它已经成为越来越多大众的普遍诉求。以进步的契约为社会准则,发展社会是世界的潮流。这样,从遵守常识到突破常识,就要从素质抓起,对常识有清醒的认识,才会对社会进步有更大的作用。

三、思想与社会批判

作为一个健全的社会,不能失去它的批判精神,而批判精神来源于人文素质教育养成的社会批判能力,这是单纯的知识教育所不能给予的。同时,也不是格式化的思想所能具有的,它一定和保持不同意见的判断力有关。因此,作为一个完善的社会,保持思想的批判能力至关重要,这正是人文素质教育所担负的思想批判功能。

批判的精神永远是尊贵的,也可能一时短缺,这种短缺与文化传统相关。在中国传统儒家文化中,君王、士人和百姓构成社会的基本主体,在这三者之间,士人执着于实现自己的政治理想,依从传统文化,重视"辅佐帝王",而不是批判甚至否定帝王,他所秉持的儒家思想依赖整套"礼制"予以实施,因此在其实施时便避免与君王对立。越是到晚清时期,这一现象就越严重。

以儒家士人为主体的知识分子，在传统文化中塑造了一个个良相的形象，其全部知识和才华也全在其"辅佐"功能。所以，在传统文化中，是缺少真正的批判精神的。但是，批判精神却是现代公民社会要求其成员应该具备的基本素质，因此，如何吸收传统文化，结合现代社会的发展状况，培养大学生的批判意识，是一个现实的问题、重要的问题。这一问题甚至是如何建设一个民主社会的关键问题，它关涉到一种社会制度在多大的限度内更加合乎人类的天性、合乎大众的需要。

当然，在道统和正统之间，还是存在着批判精神的，只是这一批判精神更多的是以儒家道统为依据的，凡是符合儒家道统思想的，便予以肯定，凡是与儒家道统思想相违背的，则予以批判，换句话说，儒家士人在传统社会中更多地不是一种现代公民社会那种批判精神，而是一种"以道自任"的精神，虽然有学者认为这种精神是一种批判精神，但并非如此，在认为儒家思想是一种社会批判精神的理解中，混淆了建立与对话基础上的公正的批判和建立与某种价值观基础上的保守的维护二者之间的界限。其实，区别于儒家士人的"以道自任"思想的现代批判精神的核心，是捍卫某种主体间的对话公平，这一点可以从哈贝马斯的理论中发现资源。在近代和当代，以德国"法兰克福学派"为代表，广泛地展开和实践社会批判，其中对"知识分子"身份的反思也涉及这一问题，其核心在于知识分子要不要拥有批判精神，在一个健全的社会，需不需要一个独立的知识分子群体。在对这些问题的反思中，也存在着不同的观点，但是为大多数研究者所确认的是对知识分子社会作用的强调，很有参考意义。大学生作为社会反思力量的储备和主体，应该是社会批判的主力军。

社会批判既然是当代学术研究的核心问题之一，并且延续传统，特别是知识分子传统，实际上起到良化社会的作用，其不可替代的价值就在于使社会不断地向着更为理性和理想的目标发展，那是人类自由的渴望和完善的要求，是《共产党宣言》中憧憬的目标。大学生人文素质教育的根本目的在于塑造能创造历史的人才，所以对其进行社会批判意识的培养是应有之义。

第三节 人文素质教育的社会功能

人文素质教育的落脚点在于培养人，培养具有"文化自觉"能力的人。人文素质教育在这方面担负着重要的任务，这也是人文素质教育的功能所在。

何谓"文化自觉"？联系中国传统文化精神的根本，可以认为文化自觉表现为一种对本民族文化、对世界文化的发自内在心理的担当意识。在甘阳、陈来、苏力主编的《中国大学的人文教育》一书中，他们认为"文化自觉"主要包括两个方面的内容："第一，今天的中国人需要了解中国经济的崛起并非仅仅只有经济史的意义，而是具有世界文明史的意义。现在全世界都把中国的崛起看成21世纪的最大事件，认为中国的发展可能会决定性地影响和改变整个世界格局。对中国在当今世界上的这种地位，中国人必须有自觉的意识，要自觉地从世界文明史的高度来看中国和世界，要自觉地从世界历史的大视野来重新认识中国，重新认识世界。第二，更重要的是，提出'文化自觉'是要指出，我们国家目前的文化状况与中国在世界上的地位很不相称；我们的文化基础非常薄弱，我们的文化底气严重不足，我们的文化历史视野更是相当狭隘。因此，提出'文化自觉'不是要助长文化自大狂，而恰恰是要反对文化自大狂，反对文化浮躁气，反对文化作秀风。我们所说的'文化自觉'提倡的是从非常具体的事情着手，做耐心扎实的文化奠基工作，要特别反对吹牛皮，说大话，搞花拳绣腿。"

这段话比较充分地反映了我国普遍进行文化素质教育的原因和内在动机，它说明了人文素质教育的文化公共关怀功能，所以，文化素质教育从大处看关乎国家民族的前途未来，从具体细微处着眼则与人的综合素质构成有关，涉及情感与价值取向、科学精神、科学知识与科学技能等问题。或可改变封闭、狭隘的内心，进行"心力"的换回，用独立自觉的文化判断去调整教育传统等，这都是人文素质教育的功能所在。而具体到大学生，人文素质教育都将在协调个体与社会、明晰思想和知识以及醇化素养和能力等方面实现它基础培养的功能。

一、明晰思想和知识

知识传授与思想倾向是不能分解的。也就是说，单纯的知识传授不能决定知识使用的方向，因此人文素质教育的功能也在于明晰思想与知识的分合关系。对于每一个个体来说，知识的获得需要记忆和一定的身心感受能力和思维能力；而思想的获得则源于自由的愿望、自我意识的强度和群体社会的责任观念。在思想和知识之间有时会产生矛盾。知识具有客观性，随着人类认识水平的逐渐提高，知识的面貌日益更新。过去认为是对的知识，由于时间、空间和人类研究能力和手段的提高会发生变化，比如从普通物理学到量子力学，再到宏观物理学；有时甚至是本质的变化，比如从"地球中心说"至"太阳中心说"，再到今天的"婴儿宇宙"假想理论。尽管有这样的变化，但不能否认知识具有相对的客观性。

人文素养则不同。人类的一些思想和愿望，包括人类历史上某些产生深远影响的思想、对人类无限肯定、给人们以信心的思想，其实可能是一种错误。放在历史的层面就会发现，在思想和知识之间，人类的前进道路是在鲜花和荆棘丛中走到今天的，思想和知识也都是处于发展和变化中的，需要细致地剥离缠绕其中情绪的、感性的认识，看到二者统一和矛盾的方方面面，才能为今天的思考服务。

首先，知识体现为一种结果，它为思想提供依据；而思想是一种思维和判断，它要反思知识的面貌、评价知识的水平和意义。人文素质更多的是为探求知识提供原动力，为恰当的思想提供人性的标准和思维的基础要素，包括自由倾向、感觉能力、逻辑能力等，人文素质教育的深化有助于在不同方面促进二者的发展。对于知识提高来说，人文素质的培养将注重思维能力、求异能力、抽象能力等，在思想培养上，人文素质教育将发展人类的判断力、批判力和反思能力。

其次，人文素质教育还有助于提高思想的水平和寻求知识的能力，明晰二者的不同作用。在人类历史上，思想仿佛灯塔，指引着人类前进的方向，包括知识寻找的方向，而人文素质教育将在人文的意义上强化这一观念，特别是自由的观念，这样的努力结果是把知识的地位拉回人间，避免知识理性造成对人类幸福的伤害。

总之，在人才培养中，人文素质教育有助于一个人的全面成长，它从人性深处出发的自主意识、求异的反思思维模式、感性的判断力都将有助于一个人思想、素养的提高，促进个体与社会的协调发展，也促进知识和思想趋于完善。

二、醇化素养与能力

醇化，是使更纯粹，达到美好而圆满的境界。作为人生修养的人文素质教育，对自我发展，特别是处理素养与能力的关系具有相应的功能。在此，如何醇化素养与能力，是需要思考的一个问题。要达到醇化，就要在素养和能力之间协调到最佳境界，对于一个人来说，有素养未必有能力，有能力也未必素养非凡，因此，醇化好二者之间的关系就显得特别重要。

首先，单纯的知识教育有可能使受教者拥有非凡的能力，但是这并不意味着其素养很好，相反，若仅仅单一地强调素养，也容易走向精神领域的超越和玄想。恰当的人文素质教育，应有助于协调受教者平衡素养与能力的关系。这里的素养特别是指身心修养方面的人文素质，也指在人类精神生产产品方面的修养，尤其是在今天科技理性大力强调的时代，要加强人文理性的关怀，比如对理想、价值观念、美的追求等的关注，从具体形态上说，比如艺术、音乐、绘画等，在人才培养中，要把综合素质的熏陶与知识教育结合起来进行，避免人才结构的单一化，也要避免人才培养的单面化。

其次，在人文素养方面，进行更加细密的培养，能够更好地醇化人文素养与能力的关系，要向人文要素的深处开掘。比如，音乐训练不仅是要对受教者进行音乐作品本身的感受，而且更是在这一训练中培养感受能力；文学素养教育也不仅是为了培养受教者去阅读和写作，更是要培养阅读者在阅读和写作中的精神提升。能力的深处是人的整体感觉，在进行人文素养训练中，从表层看是在进行具体的精神产品形态的熏陶，深层则是对蕴含在这些产品形态中的思维方式、认识方式、价值观念和感觉方式的培养。而这些方式，将成为能力转化的内在动力。

最后，人文素养有助于生活面貌的改变。在此基础上，将会大大提升人们认识的敏感性，影响人们对生活方向的选择，从而转变其能力提升的前进方向。特别是在人文科学、社会科学与自然科学研究的不同领域，人文素养会有助于主体把握能力努力的正确方向。比如人与自然的关系，过去强调人征服自然、改造自然，造成了大量的生态失衡，但是近年来，人们努力的方向转向了环保领域，开始修补自然。这一认识的转变，表层看是人类对自然灾害的反思，认识到了人对自然破坏的危机，深层看却涉及人与自然关系的改变，中国传统的"天人合一""人与自然相协调"等观念开始苏醒。这都是人文素养所关注的内容。

中国20世纪五六十年代的英雄人物马永顺是新中国第一代伐木工人。20世纪50年代他创造了"流水作业法""安全伐木法""四季锤锯法"等方法，大大提高了木材的采伐水平，这使他成为英雄人物，甚至被写入全国手工伐木作业教科书，但是，伐树所造成的荒漠化使得他的晚年充满负疚感。1991年，他已78岁高龄，为了完成补栽一生伐掉的约36000棵树，他带领一家三代15口人，到荒山坡上营造义务林，终于完成了夙愿。直到1999年，他带领全家共义务植树5万多棵。这个事例说明，人文素养教育是时代所需，同时它的补充也使人获得了完善的幸福体验，这一事实是醇化素养与能力的良好例证。

第五章　大学生人文素质全面发展研究

大学生人文素质教育的全面发展是高等院校开展人文素质教育课程的出发点和落脚点。笔者重点从加强大学生的道德素质、心理素质、美育素质、科学素质四个方面进行论述，另外还阐述了高等院校还应该从哪些方面加强大学生的人文素质教育。

第一节　大学生道德素质的发展

在笔者看来，道德教育是人文素质教育的中心。因此，高等院校在加强对大学生的人文素质教育时，首先应该注重的是对大学生的道德素质教育。

一、大学生道德素质教育的重要性

道德素质是教人们按照一定的道德标准来处理个人与社会的关系，是做人的行为准则，是人的道德意识与具体行动中的道德行为的一致。教育的主要目的有两个，一是教人做人，二是教人做事。做人和做事二者相辅相成，好好做事是做人的最终目标，好好做人是做事的前提，只有学会了怎样好好做事，才能体现出做人的意义。高等院校道德素质教育是在国家基础教育上，进一步提高学生做事的能力和做人的标准。我们的学生要想成功，首先得学会如何做人，简言之就是得有良好的道德素质。

（一）大学生适应社会的基本要求

人是群居动物，人的群居性导致人不能远离人群独自生活。同理，在当前的社会环境中,我们也不能完全舍弃一切社会关系独自生存,我们要想在当下的社会中好好生存,就得学会适应当前的社会环境,提升自己各方面的能力,尤其是核心的道德素质。目前,所有大学生都面临一个严峻的问题,国家对我国的社会主义建设设立了新的标准,对建设社会主义的人才也提出了新的要求,尤其是在道德素质方面。根据新的要求,为了不被时代所抛弃,大学生也应该按照国家所需要的社会主义人才道德标准,自觉提高自身的道德素质。

(二)大学生人文素质发展和完善的需要

道德素质是区别人和动物的基本特征之一。在人类社会中,为了社会关系的稳定发展,人们总有普遍而又约定俗成的规则来共同遵守,这个规则便是道德。在日常生活中,人们对某个人行为的评价,除了法律规定的标准,也有对这个人的道德素质的评价。我们有时会听到人们对某些道德缺乏的人说"你还是人吗""做个人吧"等,这也从侧面反映了人们对道德素质的重视程度,道德素质是人们评判一个人的标准。

现在,随着社会生产力、生产关系的进一步完善,进而促进了人类道德的完善。个人发展除了各方面能力的发展,也越来越重视道德素质的提高,道德素质的提高也成为影响这个人完整世界观形成的重要因素。

(三)大学生成长成才的动力

良好的道德素质在学生成才的过程中能起到积极的引导、激励作用,能帮助学生树立正确的三观和明确自己的理想,并激励、推动学生为实现自己的理想而不断奋斗、拼搏,增加学生成才的自信。此外,良好的道德素质还能在学生为自己的理想努力的时候为学生指明方向,让学生正确认识自己和实际,避免学生在实现自己人生理想的过程中步入歧途。

(四)大学生的立身之本

在社会中,每个人的道德素质都不相同,有的人道德素质高,有的人道德素质低,但是从整个社会的发展轨迹来说,人们的道德素质总体是呈现不断提高的趋势。大学生相比其他未受过完整教育的社会群体来说,拥有相对较高的文化素养和道德素养;但是在越来越重视道德素质的当今社会,大学生仍然需要提高自己的道德素质,加强道德素质方面的培养,努力跟上时代的步伐。

二、大学生道德素质教育的主要内容

德国教育学家赫尔巴特认为道德教育是教育的根本目的和核心,我国自古以来就有"德才兼备"的说法,且把"德"放在"才"前面,"德"重于"才"。从东、西方对于"德"和"才"的重视程度来看,我们不难看出道德素质教育对于人才培养的重要性。

(一)爱国主义教育

爱国主义是中华民族在经历五千年风雨后才形成的、具有中华民族特色的民族精神之核心。对于高校学生来说,学习爱国主义的有关知识,有助于帮助学生激发爱国情怀,形成为祖国建设而自愿奉献的爱国精神。

(二)共产主义教育

我国是社会主义国家,但是目前还没有实现共产主义,仍在为实现共产主义而努力。共产主义是人类社会体系中最理想的社会制度,对大学生进行共产主义教育,有助于他们树立正确的共产主义观念,形成良好的社会责任感,帮助其成为中国特色社会主义的优秀建设者、接班人。

(三)集体主义教育

集体主义既是建设社会主义精神文明的标志,又是共产主义道德的核心。对于大学生来说,加强集体主义教育,既能帮助其自身形成集体精神,又能推动当前社会的精神文明建设,对实现中华民族的"中国梦"有着积极意义。

(四)法制观念教育

法制是统治阶级运用法律手段治理国家的基本制度和方法。法制观念,简言之就是人们对法律的重视程度,不同的人对法律效力的重视程度不同,他们的法制观念也就不同。越重视法律的效力,则法制观念越强,反之亦然。加强大学生的法制观念教育,有利于他们形成对法律的清晰认识,加强法制观念，这既有助于国家推动依法治国的方略，又能让学生学会利用法律维护自己的合法权益，推动社会主义民主进程。

三、完善大学生道德素质教育的方法

教师在道德素质教育中对学生起着言传身教的重要作用，完善大学生道德素质教育可以从学校到班级、班级到个人，依次进行开展。

（一）优良校风的指引

教育家匡亚明认为，优良的校风有5个重要的组成部分，分别是高度的政治空气、高度的文娱体育空气、高度的学术空气、高度的社会主义团结与文明空气、高度的生产劳动空气。在这些组成部分中，教师对于学生来说发挥着积极的引导和示范作用。校风的体现是多方面的，所以在开展道德素质教育活动中，要注意形成良好的校风，良好校风的形成，反过来又有助于道德素质教育活动的开展。

（二）重视班风建设

班级是学校组织的基础形式，良好的班风能为学生提供一个良好的学习环境、学习氛围，有助于学生集体意识的形成；不好的班风会影响学生的学习环境，并且非常不利于学生正确三观的树立和集体主义精神的培养。良好的班风形成需要一个长期的过程，这个过程需要师生共同努力，教师要起到班级建设中的引领、指挥作用，也可以通过选拔、培养学生干部的方法加强班风建设工作。

（三）学生道德素质教育

每个人都是独立的个体，每个人的道德素质都各有不同，如何对道德素质各不相同的大学生进行道德素质教育，是教育界的难题。评判道德高低的道德准则，只有在这个准则真正被学生体会过、认可时才能真正被学生接受，成为学生真正的精神财富。但是，什么样的道德准则才能被大学生所认同呢？

首先，从哲学角度来看，体验是道德教育的本体，具有合法性、融洽性、自足性。道德体验是有独特特点的道德教育，道德体验即道德教育的真正含义。根据这一特点，我们要充分重视大学生的道德体验，让其回归道德教育的本质。

其次，道德素质教育的根本目的是让人有明确的世界观、人生观、价值观，让人明白人生的价值、自己的人生追求，而不是单纯地为了完成一个教育目标。这一过程充分体现了"人性"，这就要求我们在进行道德素质教育时要以人为本，转换大学生在道德素质教育中的地位，变被动为主动。

最后，道德素质教育也是一种对精神世界的关怀，在对大学生进行道德素质教育时，教师要对学生倾注关怀，尤其是对弱势的大学生。对弱势群体的关怀程度是评价一个社会文明水平的重要指标，弱势的大学生因外部因素的影响，精神世界更为脆弱，因而需要教师更多的关爱。

总的来说，教师在加强大学生的道德素质教育工作中发挥着至关重要的作用。教师也要认真完成自己的本职工作，积极协助学校开展道德素质教育工作，培育高尚的师德。

四、高等院校德育目标素质化的教育措施

在过去的德育工作中，总是存在着"假、大、空"的工作作风，形式主义盛行，进而导致德育工作的实际收获效果不大。为了避免以往德育工作中存在的问题，高等院校对德育工作进行了改进，提出了德育目标素质化。

什么是思想道德素质化？根据人们对素质给出的定义我们可以了解到，素质是在先天和后天的共同作用下形成的较为稳定的基本品质。如果说这个人的品行表现不稳定，有波动，我们可以认为他的品德还没有素质化；只有品行表现稳定，经得住时间和外部环境的检验，我们才能说这个人达到了"品德素质化"的标准。

内在性是素质的基本特性，它决定着素质的形成是一个内在的过程，即将外部事物转化为内在的东西，化被动为主动。例如，道德准则是外在的事物，如果这个道德准则被学生认可，那么学生就会自觉按道德准则行事，这就是道德内化的过程。

因此，我们可以看出，道德内化会影响思想品德素质化，教育者若是想加强对学生的思想道德素质教育，就得了解道德内化的过程。

（一）道德信念的形成是道德内化的核心

一般来说，我们会按照四分法来展示品德的框架，即外在的"行"、内

在的"知""情""意"。由于以前的德育工作更重视认知和行为，认为道德行为是怎样的，那么道德认识就是怎样的。这样的归类方法简单粗暴，现在看来是非常不合适的。例如，学生明知道校规是怎么规定的，但是仍然要去触犯校规，即使经过教育也不一定会改正，这就体现了道德行为和道德认知不一定有直接关系。仅重视四分法里的"行"和"知"，是达不到道德素质教育的理想目标的。所忽视掉的其他部分，正是导致道德内化的根本原因。

在研究四分法时，我们会碰到一个新的心理概念，即道德信念。道德信念不是单一的心理成分，而是道德情感、道德意志、道德认识的统一，它是推动人产生怎样的道德行为的内在因素，是道德动机的高级表现。

道德内化有助于道德信念的形成，学生对道德准则的认识是一个从被动到主动的过程，在对道德认知有了了解后，不断的亲身体验，逐步发展成为道德需要。由于在不断的实践过程中对道德有了自己的认知，再加上道德情感的增强，人们就会渐渐形成正派的道德意志，从而抵抗不正义的道德因素。这个道德认知、道德情感、道德意志转化为道德信念的过程就是道德内化。

由于道德内化是由外而内的转化过程，所以寻找道德内化的方法就得从外部作用的条件和自身内部因素里获得。

（二）优化外部条件促使道德内化

第一，对学生动之以情。人是情感动物，以情让学生感受到道德的温度，教师对学生的关怀和爱，能让学生直观地感受到什么是情感教育，这会在无形中让学生受到感染，起到道德教育的作用。

第二，对学生晓之以理。情能让学生受到道德熏陶，理能让学生明白道德的内涵和其存在的意义。学生都是有活力的年轻人，若是在进行道德教育时采取强制措施反而会招致学生的反感，但是以理将道德教育融入学科的教学中，更能起到潜移默化的作用。

第三，对学生起到榜样示范作用。榜样能给学生树立一个正确的学习方向，让他们明白什么样的道德行为才能受到人们的认同。榜样的独特人格魅力和闪光点，能激励学生向他们学习，从而起到道德模范的作用。

第四，为学生营造一个好的情感氛围。除了内在因素的影响，外部环境对学生的道德素质的形成也有着重要影响。例如，为学生提供一个具有浓烈爱国情感的环境，并在这样的环境下进行爱国主义教育，会起到事半功倍的效果。

第五，制定科学的制约条例。除了正面教育和对学生进行疏导外，也要制定科学、合理的制约机制，从法律法规、校训校纪等规章制度上对学生强调道德的重要性，这也有助于道德内化的形成。

（三）自我教育是道德内化的关键

因为道德内化是学生的内在情感变化的过程，所以在进行道德内化时，充分发挥学生的主观能动性非常重要。我们依然以四分法和道德信念形成的过程为引，在研究自我教育的过程中，探索学生应该发挥的主观能动作用。

第一，充分发挥学生在道德认知中的主动性。道德认知不等同道德认识，道德认识是自我教育的基本认识，但是道德认知必须由认识转化到认同。所以在进行道德素质教育时，教师单方面采取"填鸭式"教学对学生的引领作用不大，而要引导学生对这个道德准则进行思考，将个人与社会统一起来，有需要时还可要求学生亲身体验，这样才能让学生实现道德认知。

第二，让学生学会"自省"。自省是学生对自我的认识和评价，通过对已发生的道德行为的自我反省来增强自己的道德情感，在这个过程中学生也会对道德准则有新的观点和看法。所以在思想道德素质教育的过程中，教师应该给学生一个"自省"的机会，让学生意识到自己的错误并进行引导。

第三，加强学生的自制力。自制力是道德意志的体现，自制力的高低也是道德意志强弱程度的体现。自制力强的学生会在整个道德行为的过程中控制自己的行为，并进行自我调节，避免产生错误的道德行为。

在控制论看来，自制力一旦经过一系列的道德内化就会成为道德信念，发挥控制道德行为的作用；自省则是对道德信念的一种强化行为。所以自制和自省是两个不同的方面，它们之间既相互联系，又相互影响。为了增强道德信念，可以设置警戒标语等，起到一个强化信息的作用。

从自制的角度来看，自制的对立面就是"需要"。需要是人产生一系列社会行为的主要原因，学生的自制实际上就是能不能控制当时所产生的需要的情绪。所以如果要加强学生的自制力，就得明白他们的需要是什么，尽可能调节需要和现实的关系，正确处理个人与外界的关系，实现统一。

（四）交往和实践的磨炼与道德素质

素质的形成是多方面因素共同作用的结果，且具有主体性、实践性的特点。道德准则是对人和外部环境关系的一个系统的规范，所以道德得在社会实践中才能真正得到体现，要培养学生的思想道德素质，就必须把教育融入社会实践中。

由于社会环境的复杂性，学生在具体的实践过程中难免会受到正面或负面的影响，我们必须承认环境的多样性。所以学校应该尽可能地为大学生营造一个良好的道德氛围，尽可能减少外部环境给学生带来的不良影响，并积极开展有意义的集体活动。要密切关注学生的思想道德素质，对思想道德素质低下的学生进行积极引导。此外，由于学生自身主观能动性的影响，也应该教导学生有选择性地交友，避免不良地交友带来的影响。

虽然环境是多样的，但是只有具体实践，在实践中成长，才能让学生形成稳定的、积极向上的、正确的思想道德素质。

第二节　大学生心理素质教育

心理素质看不见、摸不着，但是它与我们的身体健康、生命安全息息相关。现在，随着快节奏的生活和各方面压力的加大，许多没有经历过挫折、心理素质不好的学生往往在面对困难时会采取极端的方式。

一、高等院校实施心理素质教育是时代的需要

当前，大学生在人际关系、学习、就业等方面的心理问题已经十分集中和突出，不论是时代发展、素质教育、人才培养还是德育工作的需要，都要求必须加强心理素质教育。应鼓励教师学习相关知识、开展学科研究、丰富教育内容。应在社会上建立专门的教育机构、发动社会各方力量以全面推动和实施心理素质教育。

（一）时代发展的需要

改革开放给我们的经济发展带来腾飞，同时，社会有了新的特征——高科技、高竞争、高效率。这要求人们工作效率更高、竞争更激烈，同时也意味着人们要以更快的节奏去面对生活，这要求人们的心理素质要更加强大，才能承受这种快节奏下的压力。

（二）素质教育的核心

换句话说，素质教育就是要求学生德、智、体、美、劳全面发展，《中国教育改革和发展纲要》指出："全面提高学生的思想道德、文化科学、劳动技能和身体心理素质，促进学生生动活泼地发展。"心理素质不是全面发展里某一个片面的素质，它对其他素质的发展也有着重大影响。例如，学生的学习成绩会受其本身心理素质高低的影响，学生的心理状况也会影响他们的学习态度和遇到问题时的看法。所以心理素质对学生的健康成长有着至关重要的决定作用。

（三）人才培养的要求

我国已经进入知识经济时代，对所需要的人才提出了更高的标准，更重视人才的心理素质是否过关，以满足高速发展的经济的需要。所以我们除了传授学生专业知识，也要注重对学生心理素质的培养，让他们懂得如何承担压力、化解压力，使其满足时代对人才的需要，为社会主义现代化建设培养优秀的建设者和接班人。

（四）德育工作的补充

心理素质教育也是德育工作的一部分，但是一直以来被人们所忽略。心理素质教育能帮助学校了解学生的心理，了解其需要，学校就能有目标、有针对性地开展德育工作，进一步提高工作效率。此外，优秀的心理素质和良好道德的形成会相互促进、相互作用。

二、大学生良好心理素质的界定

近年来，一些高等院校通过对学生心理素质教育理论和实践的不断研究，逐步认识到对于心理素质教育应该采取"防患于未然"的态度去采取措施，不能等到学生已经有了心理健康问题之后才去对其进行关照，而是应该在平常的教学工作中就有意识地提高学生的心理素质。然而，这仅仅针对的是大学生心理素质教育观念上的一种创新，对于心理素质教育的目标，即大学生怎样才算是具备良好的心理素质，以及如何开展心理素质教育，却一直缺乏系统的界定和深入的探讨。笔者结合多年的学生工作经验和理论研究工作，对良好的心理素质标准给出了描述性的框架。

（一）保持学习的兴趣

具有良好心理素质的大学生能保持对学习、研究较浓厚的兴趣，有高速处理信息、数据、知识的能力。正常的智力是人进行一切活动的基础和前提，学习是学生的主要工作内容，但是只有心理素质好的学生才能克服学习中的困难。在兴趣的基础上我们还要进一步培养大学生的能力，因为知识经济使知识信息传播手段发生了改变，知识更新周期更短，知识经济正在逐渐取代以往的资本经济，在世界经济发展中所占的比重越来越大，所以更应该培养学生利用知识进行创新的能力。

（二）自我意识正确

自我意识是指学生对自己的认知以及自己与周围事物关系的认知，对于心理素质好的学生来说，他们的自我意识则更加清晰，能清楚地了解自己，做自己力所能及的事情，也不会妄自菲薄。挫折包含挫折源和挫折感受，大学生出于内在或外在需要，有了比高中生更深、更广的要求，遭遇各种各样的挫折的机会也会随着目标的提升而增加；心理素质好的大学生碰到挫折时能更好地分析现状，寻找适合目前情况的最优解，化挫折为自己奋斗的动力。

（三）能协调与控制情绪

情绪对人的健康、工作效率、人际关系等都有影响，愉快和乐观的情绪能给人带来积极的影响，让人对生活充满希望，以一个乐观的态度去对待事物。即使出现悲伤、失落等消极情绪，只要能积极有效地调节，都是心理素质较好的表现。心理素质好的学生，能对自己所处的环境做出客观的评价，及时调整自己消极的心态，和社会保持一个良好的接触关系，使自己的行为与社会的需要达成统一。

（四）保持和谐的人际关系

意志是指人有选择地做出最终行为的心理过程，坚定的意志表现为这个人在自觉性、自制力等方面都有较好的表现。对于大学生来说，拥有较好的心理素质，他们就能在遇到问题时理性和及时控制自己的言行举止，而不是凭本能、冲动地做出选择。此外，人际关系的好坏也能反映出这个人心理素质的高低，心理素质好的人更容易和他人和平相处，给予别人关爱，接受别人的善意，并有较高的集体荣誉感，能共同协作办事。

以上提及的这四项要求顺次提高，其中，自我学习、科研能力的提高是对一个大学生的最基本要求，也体现了高等院校为国家培养人才的初衷。同时，学生时光是大学生踏入社会前的最后一次准备，同时也是最充分的一个积累过程，因此它起着承上启下的关键性作用；在这个过程中，除了学习知识，对于未来的自我认知，对于挫折的正确对待都是至关重要的。随着知识经济的大发展，无论是在学校还是在社会工作中，团队协作都越来越重要，因此，对大学生协控能力和自我解压能力的培养就成了更高层次的要求。最后，也是最高的目标，就是要培养大学生优良的意志品质。

三、大学生心理素质教育目标

学生心理素质薄弱已经成为当代高校教育中的一个不容忽视的问题，向心理素质教育亮了红牌。学生心理素质状况，关系到高等院校学生素质教育的发展。加强学生的心理素质，保证学生的心理健康，是高等院校工作的重中之重。

（一）树立明确的大学生心理教育目标

心理素质是在先天遗传的基础上，受后天教育和外部环境影响而共同形成的，包括人的智力因素和非智力因素，所以对大学生进行心理素质教育并不是一件轻松的事情。就当前而言，要想提高大学生的心理素质，就得让大学生形成正确的三观，培养他们的抗挫折能力。

第一，帮助学生树立正确的三观和理想。帮助大学生树立正确的三观和理想是开展心理素质教育的基础和前提，只有树立了正确的三观和理想，大学生才能产生学习的动力，主动面对问题、解决问题。在对大学生进行心理素质教育时，要让他们把自己的理想和现实的学习相结合，这样正确的三观才能对他们的生活起到调节作用，保证他们的心理健康。

第二，培养学生的自我调控能力。大学生对自我情绪的调控能力，是他们心理健康的重要保证。每个人的抗压能力都不相同，如果大学生遇到一点问题就难以自我调节情绪，意志崩溃，非常不利于他们的心理健康。所以在大学生遭受挫折时，我们要给予他们正确、积极的引导，帮助他们认识挫折、走出挫折，培养他们的抗压能力，让他们从挫折中吸取经验，化挫折为动力，下次出现类似的情况时能自我调节情绪，走出困境。

第三，培养大学生良好的性格。性格能反映一个人的心理情况，培养学生良好的性格是人类教育的目标之一，良好的性格有助于学生在以后的生活和工作中更容易被他人接受以及接受其他人或事物。大学生正是处于性格发展的关键时期，任何外部事物都有可能会影响他们性格的形成，所以学校在这时要寻找合理的途径，科学地培养大学生的思想道德素质，增强学生的心理素质，尽可能引导学生积极向上发展，让学生形成阳光、乐观的性格。

（二）大学生心理素质教育途径选择

选择一个好的心理素质教育途径对提高大学生的心理素质教育有着非常重要的影响，根据我国目前高等院校大学生心理健康的实际情况，可以从以下几个方面改进：

第一，为学生创造良好的校园文化环境。大学生的心理健康成长会受到校园文化环境很大的影响，良好的校风、正能量的活动、干净整洁的学习环境都会直接或间接地影响大学生的心理健康。一个好的校园文化环境会在无形中对学生进行熏陶，并激励学生好好学习，减轻学生的心理压力，形成良好的心理素质。

第二，为学生创造良好的人际关系环境，人际关系的好坏往往反映了这个人的心理健康状况。心理研究表明，人对于爱、关心等人际交往活动产生的产物的需要不亚于他们对食物的需要，如果只有物质上的满足而没有精神上的满足，人就会产生心理意义上的营养不良。对年龄不大的大学生来说，和谐的人际关系能帮助他们获得他人的认可和尊重，引导大学生树立健康的心理状态。所以，高等院校应该多鼓励学生进行合理的人际交往，并组织相关的交往活动，锻炼学生的人际交往能力。

第三，充分发挥心理教育课程的引导作用。许多高等院校都开设有心理教育内容相关的课程，但是许多课程都流于形式，没有真正对学生起到引导作用。所以高等院校要充分重视心理教育课程，发挥其与学生沟通的渠道作用，通过一系列科学的教学方法，让学生认识到自己的心理状况，有不好的情况以便及时调整，进而提高学习效率。此外，还要注意培养学生乐观、积极、独立自主的心态，完成心理素质教育。

第四，学校积极开展心理咨询活动。高等院校心理咨询是维护大学生心理健康的有效途径。高等院校心理咨询（中心或办公室）是学校心理健康教育的特设机构，咨询人员对于求询大学生从心理上进行帮助，其目的是帮助大学生纠正心理上的不平衡，改变原有的认知结构和行为模式，以提高大学生的社会和学习适应能力。学校心理咨询的形式多种多样，有个别咨询、群体咨询、电话咨询、心理咨询等。咨询的内容涉及大学生生活的各个方面，如大学生的入学适应问题、人际交往问题、早恋问题等。实践证明，心理咨询是消除大学生心理困惑，使大学生走出心理误区，维护其心理健康的有效途径。

目前来看，学校内部的心理咨询是学生最有可能接触到的了解自己心理健康情况的渠道，所以高校要特别重视心理咨询机构的开设情况，多开展心理健康调查活动，帮助学生维持自己的心理健康。学校心理咨询的形式多种多样，但重点是解决学生的人际交往问题、情感纠纷、学习压力等问题。在进行心理咨询时，要注意保护学生的隐私。

四、提高大学生心理素质的有效途径

要想让学生拥有良好的心理素质，需要学生、家庭和学校，以及社会的共同努力。就学校而言，应该竭尽所能对大学生进行心理素质教育。

（一）重视并开展心理健康教育

心理健康教育是为了促进学生心理健全发展而开展的，这是一系列有组织、科学的对大学生进行心理影响的教育过程。要想这个过程能顺利进行，高等院校得对学生的心理健康教育有个清醒的认识,要从学生的角度出发,增强其自我教育能力,维护学生的心理健康,预防学生产生心理疾病。学校对此可以开设专门的心理健康知识讲座和一系列的心理健康宣传活动。

(二)积极开展心理咨询活动

心理咨询是运用理论的、科学的、系统的方法给咨询对象以帮助,解决他们心理疑惑的过程。心理咨询具有补偿性、指导性、调节性功能,这决定了它在维护大学生的心理健康过程中起着不可或缺的作用。高等院校开展心理咨询活动,必须让负责心理咨询的教师系统地学习专业的心理学知识和技巧,能冷静、客观、科学地对遇到的心理问题进行分析和建议。此外,学校还必须意识到心理咨询不是安慰的作用,而是让学生正确看待自己面临的问题,积极主动地参与到解决问题的过程中。

(三)加强个性化的心理素质教育

个性是在一定的社会环境下形成的个人品格,是一个人与他人区别开来的独特之处。个性化心理教育是为了健全大学生的个性心理,既对大学生本人的全方面发展有着积极意义,又能满足当前社会对人才的需要。所以在对大学生进行心理素质教育的过程中,也要注重个性化的心理健康教育模式。

(四)重视并引导学生进行心理训练

心理训练是指通过外部指导和训练来对自己的心理状况进行自我调节的训练,这种训练是个体与外部环境进行信息、能量交换的过程。在这个过程中,自身越积极、主动则自身的发展就会越完善。引导学生积极进行心理训练,有利于学生增强自身的心理素质。引导学生进行心理训练要从三个方面入手:一是要引导学生一分为二地看待事物,学会自我剖析;二是要引导学生学会自我调节,利用客观条件来调整自己的心理状况,提高自己的心理素养;三是要增强学生的自我构建意识,鼓励学生进行自我完善。

进行心理训练的方式多种多样,总的来说,心理训练是为了增强学生的心理素质。心理素质的培养又涉及多方面,学校对此应给予重视,促进学生的德、智、体、美、劳全面发展。

第三节　大学生美育素质教育

一、美育对大学生人文素质教育的意义

实施素质教育是为了全面贯彻党的教育方针，提高国民素质，为社会主义现代化建设培养德、智、体、美、劳全面发展的社会主义接班人。实施美育对大学生来说，不仅能陶冶学生的情操，提高他们的文化素养，还能促进他们的全面发展。所以，美育对于素质教育来说有着重要意义。

（一）美育是人文素质教育的重要组成部分

对于大学生来说，他们应该具备思想道德素质、身心素质、审美素质、文化科学素质、劳动技能素质，其中审美素质指的是培养正确的审美观念和健康的审美情趣，提高审美感知力和丰富审美创造力。审美素质是素质教育不可缺少的部分，即提高审美素质，可以通过美育来实现。

美育又叫审美教育，是一种感性教育和趣味教育，能促进大学生人格的完整形成，是培养完整人格的一种教育形式。它既能培养大学生对美的感受力，又能让大学生树立正确的审美观念，陶冶生活、美化生活。美育和德育、智育、劳技教育等虽然有联系，但是也有着本质区别。

德育是在规则中对人起到激励、升华的作用，是有目标地调整和规范人与外部社会的关系。智育是通过对人系统化的培养，人掌握文化知识，注重人与自然的关系。体育是通过运动形式让人拥有健康的身体，侧重的是人与身体的关系。劳技教育是指有意识地培养学生的生存能力，注重的是人与社会的关系。美育则是通过培养人们的审美能力来提高人们创造、欣赏美的能力，注重人与现实的审美关系。美育相比其他几个"育"有自己的独特之处，理所应当成为素质教育的一部分。

（二）美育是实施素质教育的基本路径

第一，以美辅德。人的思想素质的提高，可以通过德育来提高；但是思

想品德教育也应该对学生起到潜移默化的影响，这时美育就能发挥作用。以美来引导学生向善，通过审美来帮助学生懂得善、恶、美、丑，通过美育来帮助学生树立理想。例如，一首积极向上的，融合了爱国主义、集体主义的歌曲，就能净化大学生的心灵，激发学生对美的热爱，从而实现道德的内化。

第二，以美益智。美育能够促进智育，通过美育，可以培养大学生对学习的兴趣，开阔学生的眼界。美育在各学科中都有所体现，可以通过给学生美感来诱导学生去发现美，在这个发现美的过程中掌握知识，从而提高大学生的文化素质。

此外，美育还可以培养学生的动手、动脑能力，丰富学生的想象力，提高学生的观察能力，充分挖掘学生的潜力，培养学生的创新精神和实践能力，从而促进科学的进步。

第三，以美健身。体育注重的是"身"的锻炼，美育则注重"心"的调整。通过审美教育，人的自我调节功能会得到增强，让自己的心情处于一种放松的、愉快的状况，与体育相协调，保持人的身心健康。此外，美育还可以在体育训练中发挥对美的追求，让人追求健美。

第四，以美促劳，提高大学生的劳技素质。美育具有自由性，大学生都乐意接受。在潜移默化中帮助大学生认识劳动本身的审美属性，从而使他们明白劳动是创造快乐人生的起点，是创造美好生活的源泉，是人们生存于世界的最为神圣的活动，有助于大学生清除轻视劳动和轻视劳动的思想。人们在劳动过程中，认识和改造了世界，显示了人的本质力量，这本身就是美。美育还能够帮助大学生体验劳动成果的审美价值，在分享参加劳动的喜悦中，劳技教育达到了科学和艺术结合的境界，使学生充满着创造的智慧和欣喜，感受到精神的满足和享受，树立了热爱创造美的劳动的情感。在劳技教育中渗透美育还有助于提高大学生的承受能力和培养其良好的社会适应能力，进而培养他们的创造精神和实践能力。

为了让大学生明白美育在整个人才培养教育中的作用，就得在推行素质教育的时候始终坚持美育，这样才能为社会主义建设培养更优秀的建设者和接班人。

二、高等院校加强美育素质教育的价值及其实现途径

"美是人类提高自己和超越自己的一种社会机能。有了这种机能，人就能够从野蛮走向文明，从单纯的自然存在走向自觉的有意识的精神存在。美是人类精神文明的结晶，它提高人的精神修养和精神境界。"审美教育通过自身的感染力和吸引力来吸引学生兴趣，使学生在被熏陶的过程中逐步培养逻辑思维能力。所以说接受审美教育对学生的全面发展有重要意义。

（一）审美教育在人文素质教育中的作用和价值

第一，审美教育有助于学生智力的发展。蔡元培先生将普通教育的目标归纳为"养成健全的人格"和"发展共和的精神"，但是把美育作为国民教育的一大宗旨，认为"美育是一种重要的世界教育"。在今天看来，我们可以得知美育确实对智力的提高有着促进作用，而这种作用正因情感的碰撞形成。

大学生在艺术活动中美的刺激下，理性情感和感性情感相互碰撞，为创造提供了动力。此外，审美教育还能陶冶学生的情操，提高其审美能力，刺激右脑的发育，培养学生的思维创造能力。

第二，审美教育可以促进学生非智力因素的发展。审美活动是审美感性和德育理性沟通的桥梁，情感教育对理性教育又有着促进作用。列夫·托尔斯泰说："人们用语言相互传达自己的思想，而人们用艺术互相传达自己的感情。"我们可以从中看出美育其实传达的是一种感性的情感，而美育教育则是一种情感教育。

审美教育可以丰富人的精神世界，提高人的想象力，并促进学生的大脑、肢体协调发育，从而让学生得到全面的发展。美术是审美教育在群众中最具影响力的宣传、教育工具，能让人在对美的感受中接受教育，美化人们的心灵。此外，一些具有积极教育意义的影视作品也能让学生从中分辨美丑，懂得善恶，从而熏陶学生的心灵，让学生的内在和外在和谐统一。

第三，审美教育可以提高学生的创造能力。创造能力是人理性思维和感性思维的结合物，它来源于人的情感、兴趣和需要。审美教育能给素质教育带来积极的影响，其中的重要原因在于它能激活学生脑海中未利用的资源，

从而使学生的大脑进入一种放松的状态。换句话说，审美教育的作用就是解放学生情感的过程，在这个情感释放的过程中，他们所受到的束缚不断减少，从而保持大脑的活力，进而有助于学生非理性因素的发展。

黑格尔曾说："艺术又好像是一种较高尚的推动力，它所要满足的是一种较高的需求，有时甚至是最高的绝对的需要，因为艺术是和整个时代、整个民族的一般世界观和宗教旨趣联系在一起的。"从中我们可以看出，艺术的作用是进一步完善人的力量，诱发人的创造力，从而促进人的健康成长。

（二）高校审美教育的现状和存在的问题

高校审美教育由于其独特的个性、创造性在素质教育体系中表现得尤为突出。每个高校在教学方法、内容、形式上都有着自己的独到见解，在艺术课程上学校的投入和重视程度也与其他学科课程有所不同。总体来看，高校在具体实施审美素质教育方面与国家规定的要求仍然存在差距，如普及面狭窄、课程开设不全面、美育课程没有与知识类学科紧密结合等。

（三）高校审美教育应采取的措施

为推进高等院校审美教育的规范化和制度化，不断提高教育水平，应采取三个方面的措施。

第一，有效提高学校的管理水平。高等院校要建立完整的审美教育监督、管理体系，设立专门的管理部门对相关的工作进行规划、指导和组织，努力提高高等院校的管理水平，使审美教育逐渐融入高校的日常管理中。

第二，提高课程质量。在开展审美教育课程时，要注重课程质量，积极利用现有资源推动课程改革。此外，各高等院校还应该结合实际，努力为学生创造条件，合理开设各类艺术课程，满足学生对艺术发展的需求。加强对本校审美教育的研究，规范审美课程教学。

第三，提高师资水平。高校教育不同于基础教育，学生这时已经具备一定的思考判断能力，自我意识逐渐增强，所以高等院校在进行审美教育时，需要聘请具有专业教学能力、懂得美、有正确审美观念、爱岗敬业的老师，增强学校的师资力量，从而提高课程的教学质量，完成对学生的审美教育。

正确的审美观念能让学生更好地认识世界、改造世界，并且有助于建设社会主义精神文明。

三、美育在高等院校素质教育中的运用

美育是指受教育者系统地接触和欣赏各种类型美的事物,懂得美的含义,学会发现美,用心去感受美,并对美有自己的理解,然后创造美,从而进一步提高自己的艺术修养和情操,促进自身的全面发展。在素质教育中,美育相对其他教育有不可代替的功能与作用,对提高学生素质,促进身心发展起着积极的推动作用。

(一)以美辅德,提高大学生思想道德素质

苏联教育家苏霍姆林斯基说:"美是道德纯洁、精神丰富和体魄健全的强大源泉。"美育能促进人的理想形成,能激发爱国热情、培养高尚道德品质、促进心理健康和个性发展。

美育是以个人爱好的形式,让大学生在快乐中接受教育,能让学生拥有更高的自觉性和积极性,在审美教育中认识什么是美,激发人的个性,并帮助其发展。美育活动主要是通过形象思维来展示,我们又称为情感陶冶工作。教育人需要动之以情、晓之以理。美育是以情感人、以情动人,对学生进行思想品德教育,促进学生健全人格的形成。许多优秀的文学艺术作品起到了教育引导作用,像《刘胡兰》《甲午海战》等影视作品就会对学生理想的树立、高尚品德的形成产生积极影响。这些优秀的文学艺术作品以它的人物美、思想美、行为美、精神美、事业美鼓舞着学生奋发向上,进行影响和引导,从而增强了学生对真、善、美、假、丑、恶的分辨能力,激发其爱国热情,提高其政治思想和道德理想水平。

(二)以美益智,开发大学生内在潜能

国外科学家早在100多年前就已证明人的大脑左右功能各有不同,只有把左右大脑的功能全部开发,这个人的智力开发才算均衡。但是现在各高校只有少数几门课程涉及左右脑开发,擅长于创造的右脑半球的特殊功能被人忽视,而美育正是开发人的右脑的教育。美育有利于左右脑的协调发展,使人的智力得到充分开发。

在素质教育中,美育可以激发大学生学习兴趣,变苦学、厌学为乐学,

提高智育效果。在审美活动中，通过对自然美、社会生活美和艺术美的欣赏，又能激发大学生的学习兴趣，让其化被动为主动去获取科学知识，培养学生的观察力、想象力和实际操作能力，进一步促进大学生的知识结构完善，达到提高文化素质的目的。

（三）以美健体，提高大学生身体素质

人们的审美追求，决定着对形体美、动作美的需求，这是大学生主动发展和进行体育活动的动机、持久性的源泉。美育能促进体育的发展。

体育是健与美的结合，它可以使人体魄强健、精神愉悦，还可以锻炼意志，增强毅力。体育活动内容丰富多样，有武术、游泳、跳水等，这些体育活动中蕴含的体态美、动态美都是美育因素的体现，美育因素有助于大学生体育运动的开展，使其增强身体素质。

（四）以美育人，培养创新型人才

未来的社会需要创新型人才，在21世纪人才培养中，美育具有十分重要的作用。美育是提高大学生审美素质的重要一环，人们对美的追求会刺激科学的创新。美育和创新之间互相作用、互相成就。若从对创造力有重大影响的"动机因素、智力因素、个性因素"三大因素来看，无一不与审美修养有关。

人们对美好事物的渴求、丰富的美感修养，可以强化人们探求未知的动机。右脑半球的幻想、联想、直觉悟性在于得到文学艺术的长期熏陶，对美的直觉、爱美的情操、对美的兴趣爱好、特长的培养都需要多种美的形式来实现。因此，在素质教育中重视美育，重视创新人才的培养，才能大大提高大学生的素质。

四、高等院校推进美育素质教育的方法

没有美育的教育是不完整的教育，没有艺术素养的人是不完整的人。可见，美育教育在高等院校教育中占有非常重要的地位。特别是在推进素质教育进程的今天，美育工作薄弱的高等院校更应该花大力气，通过让学生感受美、鉴赏美、创造美来夯实大学生的艺术素质基础，激励大学生美的创造。

（一）构建美育工作网络，强化美育意识

加强队伍建设，强化教师的美育意识。因为教师是实施教育的主体，只有全体教师，特别是艺科教师明确肩上的责任，才能发挥其聪明才智，最大限度地为艺术教育贡献力量。构建学校美育工作网络，让艺术教育落到实处。意识的强化、网络的构建，保证了学校美育工作朝着健康、发展、有特色的道路前进。

（二）加大美育软硬件投入，优化美育环境

美育工作的目的是提高学生艺术修养，让学生能发现美、感受美，最终创造美。高校要想更好地开展美育工作，就得提供一个软硬件设施完善的美育工作环境。只有在这样的环境下师生才可能有创造美的冲动和想法，进而塑造完整的人格。

各高等院校要加强硬件设施建设，做好美育工作的基础，以确保美育工作的正常开展。画板、写生台、素描模型、球、圈、带、棒、练功房、写生画室等硬件设施，为学校艺术教育及艺术活动的开展奠定了坚实的基础。

抓校园文化，营造美的氛围。美的教育不仅要靠课堂、靠活动，而且要靠校园文化建设的潜移默化。通过文化景点、绿化、美化、香化来营造美的氛围，让学生接受美的熏陶。

抓软件建设，落实美育教研，定期开展教研活动，注重教学常规。在教学工作中，搞好常规教学是前提，它是保证教学能正常进行的行之有效的规范要求。因此，要坚持工作的落实，按照学校制定的教学大纲，根据具体情况完成教学工作，并注重教学中知识结构的完整性。

（三）注重普及和学科渗透，提高美育效能

美育教育坚持学科渗透和大面积的艺术教育的普及工作，强调全体大学生接受美的教育，以提高美育效能。通过艺术教育及活动，推进高等院校素质教育进程。

全体教职员工都应该成为美育工作的传播者和实践者，在教学过程中对学生进行美育思想的传播，让大学生在学习科学文化知识的过程中感受美、欣赏美，激发美的创造欲望，从而创造美。学校艺术教研室每周均要对部分

教师、部分学科的美育渗透工作进行督导和检查；每月举行一次学科美育渗透的教研专题会议，研究美育渗透的方式和方法；鼓励教师主讲学科美育渗透教研课，每学期评选优质学科美育渗透课，并与教师基本功过关和年度考核挂钩。

第四节 大学生科学素质教育

一、大学生加强科学素质教育的重要性

在全社会大力加强社会主义精神文明建设的过程中，各高校的基础文明教育工作也颇有成效，但是随着时间的流逝和对"素质教育"的进一步研究，人们也发现基础文明教育的现状是"学生该干啥干啥"。这样的结果，引人深思。

基础文明教育要想取得成效，既要加强校风管理，又要加强学生的科学文化素质。

（一）科学文化素质教育是基础文明教育的根本

从实际情况来看，大学生的基础文明教育难以取得一个让人满意的成果的关键原因在于这种教育形式只是对以往知识的枯燥重复，没有根本改变应试教育带给学生的负面影响。

比如在考试中出现的作弊现象，这既反映了学校的管理工作需要加强，又反映了学生的浮躁心理和学风的不正。作弊行为体现的是学生对知识的不尊重，科学精神、科学态度的严重缺乏，而这些正是人文素质的重要体现。

现在，许多高校对作弊行为都有严格的处罚，甚至抓到一次直接开除学籍，但是作弊现象仍然屡禁不止。要杜绝这种现象，必须提高学生的科学素质，才会激发学生对科学观念和对科学发展的关注。

基础文明教育就是纪律教育和道德教育，但是如果没有科学素养，基础文明教育就是养成教育，不能让学生主动去学习，主动去探索科学的真谛。科学精神要求我们尊重客观规律，从实际出发，强调实践的重要性，这也正

是纪律教育和道德教育所强调的内容。所以要想使基础文明教育有所成效，就得提高学生的人文科学文化修养。

（二）科学文化素质教育是社会发展的需要

人们一向认为高等院校是培养专业人才的地方，学生自然也是拥有较高科学文化水平的群体，所以主要向学生传授科学文化知识，而忽略了科学文化素质的培养。但是社会发展对学生综合素质的要求越来越严格，需要加强学生的科学文化素质。

首先，个体素质可以分为三类，即身体素质、心理素质和文化素质。这三者相辅相成、相互联系，对人的整体素质的培养都发挥着重要作用。在这三者中文化素质最为重要，它由科学文化素质、思想政治素质、道德素质、能力素质四者共同构成。在这四者中，科学文化素质是其他三者的基础。所以高等院校学生的素质教育要以科学文化素质为中心，带动其他素质的发展。学生拥有良好的科学文化素质，就能以正确的三观和方法论去看待事物，看待自己的成长道路，且会在社会竞争中具备更强的竞争力，更好地实现自身价值。

其次，人们教育观念的功利性也导致学校教育的片面化，人们只重视能给他们带来利益的知识，而忽略他们认为不重要的知识，这也导致一些理工科学生缺乏人文素养，而文科学生的想法又容易脱离实际。

最后，在现代科学的不断发展中，许多学科都相互关联、交叉，学科与学科之间的联系越来越密切，尤其是人文科学学科和自然科学学科相互交融的趋势越来越明显。社会现在需要的是符合发展需要的复合型人才，所以在进行高校教育时要立足时代需要，改变传统的教育理念，加强科学文化教育，培养符合时代需要的人才。

（三）加强学生科学文化素质教育的途径

第一，转变教育观念。教育的使命已不仅仅是使学生学会知识，它既应提供一个复杂的、不断变动的世界的地图，又应提供有助于在这个世界上航行的指南针，使学生学会在一定的环境中工作，不仅获得专业资格，而且从最广泛的意义上讲，获得能够应付许多情况和集体工作的能力。这种能力不仅是实际动手能力，而且包括处理人际关系能力、社会行为、集体合作态度、主观能动性、交际能力、管理和解决矛盾的能力,以及敢于承担风险的精神等综合能力;学会共同生活,培养在人类活动中的参与和合作精神,以便与他人一道参加活动,并在这些活动中进行合作;最后是学会发展,教育应当促进每个人的全面发展,即身心、智力、敏感性、审美意识、个人责任感、精神价值等方面的发展,应当使每个人借助所受的教育,形成一种独立自主的、富有批判精神的思想意识,以及培养自己的判断能力,以便由他自己确定在人生的各种不同情况下他认为应该做的事。

切实搞好科学文化素质教育的根本就是转变教育观念,而转变教育观念的关键在于校长和各级领导的重视。没有领导观念的转变,就不可能有高瞻远瞩的决策、切中时弊的措施以及学校教务、学生工作、后勤等部门的协同作战,综合素质教育也就不可能有真正的突破。

第二,改革高等院校课堂教学。高等院校课堂教学是学校教育的主阵地、主渠道,大学生科学文化素质教育也不例外。然而,我国高校长期以来相同的专业实行统一教学计划、统一教学大纲、统一教材,必修课多、选修课少,专业课多、通识教育课少,分析课程多、综合课程少,理论课程多、实践课程少,造成了培养的人才类型和规格单一,既违背了知识、个人与社会具有多样化的特点,也不能满足社会发展对大学生素质的要求。所以,必须进行课堂教学改革。

首先,要对教育模式进行改革,减少必修课,增加选修课,加强基础课。借鉴美日等国的经验,根据我国高等教育的实际,在高等院校开设文化素质修养课势在必行。文化素质修养课有思想政治类、自然科学类、社会科学类、人文科学类、艺术类、语言类、体育卫生类及其他众多课程,内容几乎包括人类在社会历史实践过程中所创造的一切物质财富和精神财富,特别是我国的优秀传统文化,对普通人,尤其是青年具有巨大的培养和塑造功能。

其次,要开设辅修专业,即在不延长学制又无须大量投入的情况下,使大学生受到本专业之外的另一专业的训练,增强社会适应性。

最后,各科教师都要注意挖掘丰富的人文素质教育内容,并把它们渗透到课堂教学中去。在不增加课时的情况下,潜移默化地对学生的文化素质进行培养,这种方法说服力强、作用大。

第三,培养高素质的教师队伍。办教育、办学校,教师是主体;教学活动,教师是主导。因为教师直接面对学生,所以,高素质的教师在教学过程中不仅能把业务知识传授给学生,而且能以正确的人生观、价值观、优良的思想作风、严谨的治学态度、科学的思维方法影响教育学生。因此,加强科学文化素质教育,促进学生综合素质提高,必须提高业务教师队伍的整体素质,使教师真正融传道、授业、解惑于一体,言传身教,为人师表。

培养高素质的教师队伍,需要学校和教师个人双方的共同努力。学校要为教师的学习、科研、进修提供良好条件,教师个人也要积极创造条件,不断提高自身素质。

第四,营造浓厚的校园文化氛围。一要积极举办有利于提高学生科学文化素质的系列讲座;二要大力开展社团活动、科技节、文化艺术节等校园文化活动,让学生在丰富多彩的校园生活中受到陶冶;三要加大经费投入,尽量改善教学、实验设备和更新补充图书资料,大力加强校园自然景观、人文景观设施建设,使学生尽早使用先进设备进行学习,尽早接触先进科学技术,并在优美的校园环境中启迪思想、陶冶情操、升华精神,提高科学文化素质。

第五,注重实践。实践包括科学实践和社会实践。科学实践主要是科学实验和科学研究,除了正常的教学计划安排外,还可以让学生积极参与教师的科研活动,以增加科学实践的机会,培养学生的科学精神、科学态度,锻炼思维,提高正确分析解决问题的能力。社会实践主要是社会调查和社会服务,它为学生了解、认识社会创造了条件,也为学生客观地认识、评价自我创造了条件,对学生的素质提高和成才具有重要意义。此外,按照当代科技及教育的发展趋势,深化高等教育改革,注意自然科学和社会科学结合,基础学科和应用学科结合,教学、科研、生产结合,也是培养造就高素质人才的重要手段。

二、高等院校加强科学素质教育的原则

随着现代科学技术重要性的逐步提升,未来将更加重视科学教育,以科学教育为前提。由于科学技术的飞速发展,科学素养的提高也越来越势在必行。科学上的许多重大发现,比如有关宇宙或者生物技术的进展,深刻地影响人们看待自我的方式。社会发展客观要求人才的培养改变单一型的结构,全面提高大学生素质,那么在科学教育的学习中大学生要遵循哪些原则?

（一）主动性原则

主动性原则是指学生在参与学习的过程中，积极地参与各项教学活动以达到提高科学素养的目的。

教育家杜威认为，学生要想获取经验，必须亲身体验。所以他主张学生要从实际生活入手，在实践活动中寻找解决问题的办法。在杜威设想的教学过程中，学生总是担任一个主动探索和解决问题的角色，体现出较高的主动性。

科学教育中的主动性原则要求以马克思主义理论为具体实践的基础，追求主动探索事物之间的联系，并以亲身体验来吸取新的知识，从而提高自己的能力。主动性原则要求学生在接受科学教育时做到以下几点：

第一，保持强烈的求知欲。对周围的事物保持强烈的好奇心，对不知道的原理耐心追问，积极观察，并一直坚持下去。

第二，积极主动参与。在接受科学文化教育时，要保持一个主动的态度去积极思考，敢于发表自己的观点、与他人友好合作，积极参与各种活动。

第三，主动负责。在科学探索的过程中，要懂得同学间相互包容和交流，允许存在不同的观点，在遭遇挫折时能够自我调节，遇事能够勇敢承担责任。

第四，学会自我反省。在接受科学素质教育的过程中，既要学会客观评价外部事物，又要学会自我反省。反思自己在整个过程中存在的不足和值得表扬的地方，不断寻找问题，实现自我完善。

科学教育与传统教育不同的一点是，科学教育更注重学生接受教育时的状况是否能主动探索问题，主动学习。只有摆脱了单方面的被动输出教育，学生的科学素养才能提高。

（二）独立性原则

独立性原则是指学生在学习过程中能够独立自主，具体表现为能独立地发现问题、思考问题、解决问题。

独立思考精神是科技素质教育的必备精神。只有具有独立思考精神的人才敢于向权威发起挑战、不人云亦云，只有这样才能让学生贯彻科学精神，为科技发展做出贡献。

科学家们非常重视科学活动中的独立性，爱因斯坦就曾指出：发展独立思考和判断的一般能力，应当始终放在首位，而不应把获得专业知识放在首位。拥有独立思考能力的人更能适应时代的变化。

学生在学习科学知识时坚持独立性原则对其学习知识也有重要意义，能够独立思考的学生更容易取得成就。所以，在培养独立精神时，要注意以下几点：

第一，保持独立思考的能力。凡是有自己的见解和观点就说明已学会什么是独立思考。培根在《新工具》中曾讲过三种不同的学习方式：第一种是蚂蚁式的学习，只会搜集材料；第二种是蜘蛛式的学习，只会口中吐丝；第三种是蜜蜂式的学习，博百花酿出蜜来。不会独立思考，就像吃了东西不会消化。且独立思考时要保证辩证主义，不要片面考虑问题。

独立思考的又一标志是懂得发现问题、提出问题。对于科学学习来说，提出问题比解决问题更重要。从不同的角度看待问题，就会有新的发现。

第二，提高独立学习的能力。要想提高独立学习的能力，就得了解自己本身的调节能力，要对自己有个清晰的认识。比如，明白对于自己来说，什么样的学习方法和学习时间能提高自己的学习效率。

（三）参与体验原则

参与体验原则，顾名思义就是要求大学生在科学教育中，积极参与各种学习和实践活动，并表现在发现科学知识、解决实际问题的过程中获得体验，从中学习和掌握新知识的一种积极倾向和主动行为。参与体验包括参与意愿、参与动机和参与能力三大要素：参与意愿指在科学认识活动中表现出的一种积极、主动的倾向性心态，以及强烈的求知欲、好奇心和探索精神；参与动机指对科学认知活动目的意义的认识水平；参与能力则指投入科学认识活动所需的各种适应能力。

在科学认识活动中，大学生具备积极、主动的参与精神十分重要。首先，科学教育的内容是以大学生生活中常见的事实或需要解决的问题为主。大学生学习这些内容，需要激发他们的学习兴趣与动机，产生参与体验的愿望。只有具备这种心理准备状态，大学生的学习才会以自觉性、主动性为动力，产生强烈的兴趣和欲望，并在亲自参与体验的状态中，使科学认识与情感、兴趣、需要等心理因素有机地结合起来，成为一种真正有意义、有兴趣的学习。

其次，体验学习也是使大学生产生探索、追求及创新心理的源泉。在参与活动的过程中，大学生往往会碰到各种新问题，并想搞清其究竟。这样一来，一个问题解决了，又会出现另一个问题，促使大学生不断探索，从中培养分析问题、解决问题的能力。最后，通过在科学认知活动中的参与体验可以使大学生学会实际从事研究的能力，包括问题分解、信息收集、资料汇总、分析判断等方法，以及如何处理这中间的人际关系、如何与人共事、怎样与有关方面打交道等，这些只有大学生在不断的实践中亲身经历，才能真正学到。

科学教育中坚持参与体验原则，要求大学生必须注意以下几点：

第一，树立角色意识和集体观念，学会参与。首先需要大学生在科学认知活动中确立角色意识和集体观念，认识到参与是一种合作，参与既有个体特定的目的要求，又有集体合作交往、共同完成任务的要求。要学会在群体活动中既有角色意识，又能服从合作的需要、集体的需要，具有在不同场合进行角色交换的能力。

第二，参与体验中对品质的培养。参与体验中要树立角色定位、对自己行为负责的观念，包括意志、毅力等品质的培养。科学认识活动从感知开始，在实践中可能会碰到各种问题与困难，需要坚持角色意识，对自己的行为负责到底。例如植物的栽培需要在温室里操作，大学生要在40℃高温的室内进行长时间的学习；又如饲养小动物、了解动物的生长过程也必须有充分的耐心和忍耐力。尤其是碰到困难时更要注意调节低落、气馁、灰心、任性等情绪，通过意志、毅力坚持到底。只有真正做到这一点，科学实践的探索活动才能使学生真正有所收获。

（四）实践性原则

实践性原则要求学生从理论转化为实际，必须亲手操作、亲自实践后获取知识，用科学的办法解决生活中遇到的问题。实践活动是科学教育中不可或缺的环节，实践性原则也是科学教育中提高科学素养最有效的途径。

科学教育是在社会、科技高速发展，对人的素质要求不断提高的前提下产生的，目的是培养学生具有与现代化社会相适应的科学观念、精神、态度以及科学探索和解决实际问题的能力。如果科学教育仅局限于传统的教学方式，学生只接触理论知识而不亲身实践，就无法准确地掌握所学知识，从而无法解决实际遇到的问题。因此，科学教育必须坚持实践性原则。这不仅有助于大学生掌握知识，培养能力，发展科学价值观，而且有助于他们学以致用，及时将学到的科学技术知识和方法用到生活实际中，进一步巩固深化所学的知识，加深对科学教育价值的认识。

在科学原理的学习过程中必须坚持理论联系实际，学用结合。如果仅仅满足于了解科学原理和概念，就事论事地学习一些具体的实际操作方法，则无助于对科学原理的深刻认识与掌握。只有学用结合，用所学的科学原理去指导科学实践，多做一些与日常生活密切联系的小实验、小创造、小发明，以学指导用，又通过用来促进学习，才能有助于真正掌握科学知识，开阔思路，提高解决实际问题的能力。

实践活动是由大量操作组成的。在科学教育的学习中要求学生坚持实践性原则，必须注重大学生各种实际操作能力的提高，包括让学生学习使用各种实验工具，并了解其性能，具有动手制作的技能，有一定的工艺水平；会使用计算机、网络查找资料，获取信息等等。总之，科学研究中的各种操作技能如何，大学生会使用多少工具，是实践性原则能否成功运用的基础。

实践性作为大学生科学学习的原则，不能只局限于自然科学的实验室操作，还应包括更宽泛的内涵。在实验室中可以进行物理、化学、生物等学科知识的实验活动，但现代科技中的许多领域，如环保、能源、生态等需要在现实生活、社会乃至更大的范围内实践。实践性原则除了运用在具体的操作技术外，还运用在认知和心智技能上，具体的实践活动能提供观察、推理的思维过程，所以实践性学习一定会提高学生的科学素养。

三、课堂教学是科学素质教育的源泉

（一）精心设计课堂结构，培养科学思维能力

教师传授知识的依据是教材，教材更侧重知识的理论性和系统性，不一定适合具体的科学实践。所以教师在备课过程中要根据教材，结合实际进行调整，尽可能在教学过程中激发学生的科学思维，培养学生的科学思维能力。

（二）精心启发，培养科学探索能力

科学研究过程其实质就是发现问题、分析问题、解决问题的过程，也就是科学的探索过程。在教学过程中，教师主导作用的一个重要方面就是善于从教材内容和学生心理状态出发，采用各种方式设计富有启发性的问题，创设探索的情境，激发大学生思考和探索的欲望，从而达到使其在获取知识的同时培养其科学探索能力的目的。

（三）高等院校加强素质教育的方法

大学生科学课程是以培养科学素养为宗旨的。科学素养的形成是一个长期的过程，最开始的科学教育对一个人科学素养的形成具有决定性的作用。在对学生的科学教育中，我们应着重注意以下几点：

第一，激发学生科学学习兴趣。学习兴趣是学生科学素养培养的重要内容。兴趣是最好的老师，要以科学兴趣的激发作为切入点，通过科学探究将这种好奇心转化为科学兴趣，使之真正发挥科学学习的原动力。好奇心是人与生俱来的，要懂得呵护学生与生俱来的好奇心与求知欲。

第二，引领学生科学探究过程。在传统教育下，我们的科学教育枯燥乏味，教师教学照本宣科，采取"填鸭式""满堂灌"的教学方法，让学生依赖死记硬背蒙混过关。而科学探究过程一般包括：观察、提出问题、作出假设、制订计划方案、实施计划、分析综合整理、表达交流等。教师可以对学生的探究活动给予适当帮助、适时调控。

在问题情境阶段，教师要为学生创设具体的问题情境，引导学生观察并思考。在学生提出假设和实验方法时，教师要引导学生独立思考，把自己的想法记录下来，并将自己的观点在探究中进行交流讨论，探究、验证假设是否正确。在学生探究出现困难和失败时，教师要及时引导和鼓励他们更改假设，重新实验。在发现、概括阶段，教师要鼓励学生在实验完成后根据观察的现象进行解释，并引导学生自己概括得出结论。

科学学习要以探究为核心这是当前世界各国都提倡的。虽然科学探究并不是学习的唯一方式，而且对于大多数科学内容，学生不可能探究，不可能自主地发现进行建构。但实际上，学生围绕一定情境或问题主动收集资料的过程，也是一种探究式学习。因此，也应该提倡以主动积极的探究方式来学习大量的间接知识。

第三，利用现有条件开设课程。科学课程的实施，离不开充足的课程资源的支持。要充分利用学校的软件、硬件设施，特别要加强科学专用教室的环境建设，包括实验仪器、学校图书馆、校园网及其他教学设施。通过这些资源，激发学生学习科学的欲望。此外，教师应积极发布教学素材，如教学材料、实验方案、教学论文等，使之形成资源库，在一定条件下逐步实现资源共享。

此外，要敢于走出课堂，建立校外课程资源，例如河流、田地、各种动植物园、社区活动中心、街道等。每所学校都有自己独特的周边环境，因地制宜，开发和利用好校外课程资源，可以增加学生对科学的兴趣，为学生今后真正的科学探究奠定基础；也为学生提供了接触社会的机会，不仅增强了大学生的社会交往能力，培养了大学生的社会责任感，并且还推进了大学生科学素养的形成。

第四，提升教师专业素养。学校教师本身的科学素养会直接影响上课质量，决定是否能培养出符合时代需要的人才。目前，科学教师的专业素质不容乐观。首先是师资紧缺，由于教育界对科学教育的不重视，目前专职科学教师很少，仅占一成左右。其次是科学教师的工作量非常大。

高校科学是一门多学科、多内容的综合性课程。科学教师承担的是综合教学的任务，除了必要的教育科学知识，更需要具有广博的物理、化学、生物、天文和地理等科学领域的知识。教这样一门知识领域极其广阔的学科，要求教师必须通晓科学学科涉及的各个领域的专门知识，并及时了解科技和教育的最新观点、信息和研究成果，不断更新和完善自己的知识结构。

科学教师还要特别了解和掌握科学探究方法，合理运用科学探究方法。只有教师自身掌握了先进的教育教学理念，具有系统、全面的专业知识结构，具有高超的教学技能和良好的心理素质，才能适应新课程改革的需要，才能真正实现学生的自主发展。

提高大学生的科学素质是一个长期的复杂的过程。身为教育第一线的工作者要精心呵护大学生在学习过程中表现出来的学习热情和创造能力，唤起大学生的创造欲望；营造浓厚的创新氛围，给大学生以充足的时间和空间，逐步提升大学生敢于质疑、思考、探究、创造的科学素养。

第五节　其他方面的人文素质教育

一、哲学教育

马克思主义哲学能为人们认识世界与改造世界提供总体性和一般性的方法论原则。对学生进行马克思主义哲学教育的过程，就是锻炼学生思维的过程，这个过程将会用到逻辑分析、理性探讨的手段，进而上升到哲学的高度。通过不同哲学思想的碰撞，学生能树立正确的三观。

此外，哲学还具有批判功能，矛盾也是运动变化的，所以任何理论都是时代的产物，不可避免地带有当前时代的局限性。但是随着经济全球化的不断发展，文化与文化之间的交流碰撞逐渐加强，人们必须舍弃旧的不合理的理念。

二、历史教育

意大利学者克罗齐说："历史是生活的教师。"历史对学生的作用主要体现在精神影响和思维能力上。历史是人类不断发展进步的经验史，可以启示人们借鉴古人的成败得失，帮助学生体会人与自然、人与社会和谐共处的真谛。历史有助于学生养成正确的人生态度和价值观。正如德国哲学家雅斯贝尔思所说："教育要培育一代人的精神，必须先使历史进驻个人，使个人从历史中汲取养分。"历史学科的功能和作用在于学生通过历史知识这个庞大厚重的载体，去认识社会变迁的规律和趋势，以利于形成正确的三观。"学史使人明智"，这里的"智"，既包括对往事的借鉴，也包括推陈出新的创新。任何社会进步和发展都是历史的产物，都是以历史为前提，历史能帮助我们寻找社会发展的规律。

三、文学教育

从屈原的《离骚》到毛泽东的《沁园春·雪》，中文文学以特有的形象性描绘出大自然的绝美风格,又通过对自然的描述揭示人与人之间的情感,以文学展示对人性、人生、人与自然的思考。文学教育会给学生打开一个认识人生百态的新天地,为学生提供一个陶冶情操的完美艺术领域。完整人格的形成离不开文学教育的熏陶和对美的感受。社会越进步,人们对文学情感的需求越强烈。

四、行为规范教育

良好的行为规范有助于学生适应社会发展的需要。在社会生活中有着许多需要人们去遵守的规则,如果没有明确的行为规范教育,没有外部的行为准则,学生很难形成内在的道德。行为规范教育则能促进学生形成道德良知,让整个行为有法可依;稳定学生的情绪,将外部行为要求转化为内在道德良知。行为规范教育能帮助学生形成良好的个性和品德,培养学生的独立性和意志力。

五、传统文化教育

中国传统文化是中华民族的瑰宝,是几千年来劳动人民智慧的结晶。从文天祥的"人生自古谁无死,留取丹心照汗青"到顾炎武的"天下兴亡,匹夫有责",从屈原的"路漫漫其修远兮,吾将上下而求索"到鲁迅的"横眉冷对千夫指,俯首甘为孺子牛",都展现了中华民族的脊梁,这些人的精神凝聚成了中华民族的文化精华。民族传统文化对培养学生的创新精神、爱国主义、集体主义,继承和发扬民族的光荣传统都具有十分重要的意义。

六、敬业与奉献精神教育

敬业,即用一种严肃认真的态度对待自己的工作,认真负责,任劳任怨。敬业和奉献往往是紧密联系在一起的。所谓奉献,就是一心为他人、为社会、为国家做贡献。奉献是在贯穿敬业等优良职业道德品质的基础上长期产生的。雷锋、孔繁森等同志,之所以受到人们的尊敬,主要是因为他们在各自的工作岗位上兢兢业业,无私奉献。奉献可以说是社会主义职业道德的最高标准。

一个人如果真正做到了奉献，那么他就能做到爱岗敬业。同时，他无论在什么场合，都能够爱国守法、团结友善。奉献是社会主义公民做人的最高境界，一个社会主义公民能够无私地奉献，那么他就是值得我们学习的榜样。

第六章　大学生人文素质拓展渠道

近年来,在教育部的大力推动下,我国高校人文素质拓展教育取得了丰硕的成果。但鉴于目前我国高校尤其是高职院校对开展人文素质拓展教育的方法和规律的研究还相对缺乏,高校应重视大学生人文素质教育。有一些高校取得了一些成绩,如佛山职业技术学院在具体操作上,吸取传统专业教育的经验和教训,一方面注重引导和激发师生参与人文素质教育的主动性和积极性,另一方面,结合学校自身特色和时代要求,积极搭建人文素质拓展平台,开展富有自身特色的人文素质拓展活动,搭建行之有效的人文素质拓展渠道。本章将探讨大学生人文素质的拓展渠道。

第一节　举办高校名师讲坛

现代大学之"大",既有"大师"之"大",也有"大楼"之"大",另外还有学科、专业向综合性方向发展之"大"。充分利用现代大学之"大",营造校园人文素质拓展的氛围,为大学生搭建学校层面的拓展平台也非常重要。

举办高校名师讲坛是大学生人文素质拓展的第一大渠道。名师讲坛是开展人文素质拓展的重要形式之一,为大学生有效地丰富知识、增长见闻提供了文化盛宴。有研讨价值和学术水平较高的知名专家或领域里的翘楚围绕领域内问题进行的学术讲座;有社会名人,包括知名科学家、著名高校校长等所做的演讲、讲座;有主题宽泛"自助餐式"自由的论坛或研讨式讲座,听者可以根据自己的兴趣爱好,与授课者自由地讨论交流。各界名流到校园开展讲座,既是对讲座者本人思想的传输,也让在校大学生博采众长、兼收并蓄。校园讲座作为培养时代人才的一个重要手段，能够帮助和引导大学生在知识高速增长的现代社会，超越自身学科专业的局限，形成敏锐的创新意识和较宽的创新视野。每一次名师讲坛，都能给学生带来心灵的启发，使其成为知识、精神盛宴的享受者、感染者和受益者。许多高校在开展讲座活动的过程中也注重品牌的塑造，形成具有自身特色的校园文化品牌。

高校名师讲坛是传播知识、传承文明的平台，也是和谐校园文化的重要组成部分，在提升学生人文素养和促进学生全面发展方面发挥着重要作用。首先，高校名师讲坛作为创新和谐校园文化建设的载体，其本身蕴含着学校自身深厚的文化底蕴，展现出各门校园文化的特色；同时作为优秀校园文化品牌的标识和文化交流的良好平台，发挥了启迪思维、塑造人格、弘扬先进文化、传承大学精神的作用。其次，名师讲坛也是弘扬优秀传统文化、提升人文素养的窗口，作为一个文化交流的平台，打破了区域的界限，促进了文化的交流。在名师讲坛会上，广大师生可以与主讲嘉宾进行跨学科、跨领域的交流，并进行互动式讨论，这大大地激发了师生的创造性思维，为广大师生打开了一扇文化窗口，开拓了师生的文化视野。再次，高校名师讲坛又是加强优秀传统文化教育的有益补充，是素质教育的开放课堂，是大学生与外界沟通交流的新平台。专家们的解读和讲解，增强了大学生学习传统文化的兴趣，有效地强化了大学生素质教育的效果，高校名师讲坛已成为大学校园中一种普遍的文化现象，其自身独特的形式在丰富校园文化生活、活跃学术氛围、提高学生人文素养、充实大学人文精神等方面发挥着积极的促进作用，越来越受到高校领导的重视和广大师生的欢迎。较之传统的课堂教学，高校名师讲坛更具有灵活性、针对性、时代性，更能活跃学习气氛、激发学习兴趣，从而提高人才的综合素质。最后，高校名师讲坛适应时代发展的要求，创新了大学生人文素质教育的形式。其主讲内容紧跟时代步伐，目标定位符合学生需求，在启迪思维、塑造人格、弘扬先进文化、传承大学精神、提升大学生的人文素养等方面的作用日益凸显。

综上所述，高校名师讲坛在人文素质拓展教育中发挥的作用主要表现在三个方面。

第一，高校名师讲坛，丰富了大学生人文素质教育的内容，有利于提升大学生的人文素养。

我国很多职业院校的名师讲坛在创办之初就依托地域文化、校园历史传承、校园标志性景观或校训等来命名,本身就承载了一定的文化内涵,赋予了大学生人文素质教育新的内涵。针对学生的不同需要,邀请国内外著名专家、学者、社会名流前来讲学,向学生传递当今时代政治、经济、科技发展的前沿思想和研究成果,为学生分析解读世情、国情、形势政策等社会热点,与同学一同分享历史文化、文学艺术、经济金融等人文关怀。通过一场场精彩的讲座,大学生开阔了视野,活跃了思维,增长了见识,丰富了人生感悟,激发了学习的积极性、主动性,这为学生学好专业以及今后的发展奠定了坚实的文化基础和深厚的人文底蕴。

第二,高校名师讲坛是加强大学生人文素质教育的有效途径,有利于增强大学生的社会责任感。

加强和谐校园文化建设,全面实施素质教育,促进学生健康成长和全面发展,是高校的办学追求和目标。近年来,各高职院校纷纷开设名师讲坛,以名师讲坛为载体,推动大学生人文素质教育,凸显了其重要的文化价值。讲座嘉宾从传统文化到现代文明、从国际形势到民族伟大复兴、从思想道德到成人成才、从哲学伦理到学术前沿娓娓道来。他们展现出的丰富人生阅历、崇高爱国情怀、渊博学科知识、严谨治学精神,深深地感染着每位聆听者,使大学生升华了人格,提高了境界,振奋了精神,激发了爱国主义情感。高职院校名师讲坛不仅活跃了校园学术氛围,丰富了校园精神文化,而且成为加强大学生人文素质教育的有效途径,培养了大学生的人文精神,增强了大学生的社会责任感。

第三,高校名师讲坛作为文化交流的平台,有利于强化大学生人文素质教育的实效。

如今社会在人才选拔上越来越重视其人文素质,而且教育界呼吁加强人文素质教育,许多大学生开始认识到人文素质对自身素质发展的重要性,并付诸行动,以提高自身的人文素质。同时,高职院校采取开设通识课、加强师资培训,强化人文素质教育、改善校园文化建设等一系列措施,使大学生人文素质教育取得了明显成效。

高校要立足于以良好的人文环境促进大学生人文素质培养,将名师讲坛作为大学生人文素质拓展的第一大渠道,为大学生人文素质拓展搭建平台,借助这一平台推进人文素质拓展教育。结合专业特点，整合各类讲座，打造富有学校办学特色的讲座品牌，形成三个体系，即以社会知名人士为主体的社会名流讲坛，以知名企业家为主体的企业家讲坛，以知名校友为主体的杰出校友讲坛，重点打造精品讲坛；在讲座的选题方面，以在人文领域有着深刻的见解、最前沿、有思想交锋的热点社会问题为主，包括社会、政治、经济、文化、艺术等主要内容，旨在通过充分利用丰富的校内外资源，满足大学生人文素质拓展的实际需要，拓宽学生在经济、社会、科学等更多领域的视野，引导学生追求高品位文化和主流价值，营造校园传播优秀文化的氛围和良好的精神文化氛围，培养大学生的人文气息，丰富大学生的精神生活，提升大学生的精神境界，提高大学生的人文素养，为大学生人文素质拓展提供有力支撑。

第二节　修建校园文化长廊

　　大学文化是一所大学在传承、整理和创新知识的过程中所创造并能体现自身思想观念和价值追求的文化，是学校师生在长期的实践中逐渐形成的思想观念、心理素质、价值取向、行为准则、作风等。它反映了学校的办学宗旨和教育思想，是师生共同创造的具有校园特色的人文环境和文化氛围。校园文化是一个学校的灵魂，是一个学校的精神之所在，对学生的道德人格、伦理观念、思维方式等都会产生深刻的影响，同时又能促进学校事业全面协调发展，增强学校的创造活力，实现校园安定有序运行。因此，校园文化是社会文化体系中最活跃、极具感染力和创新潜力的亚文化。大学文化沉淀着丰厚的人文底蕴，其独有的时代性、互动性、渗透性、传承性、开放性特征，确立了其在高校育人中的特殊地位，深刻影响着大学生的人文素质教育。独特的校园文化是大学生人文素质教育的重要途径。

　　建设校园文化长廊是大学生人文素质拓展的第二大渠道。校园文化长廊与校园文化之间相互联系，相辅相成。一方面，校园文化长廊是通过环境的熏陶、活动的开展，以"润物细无声"的渗透方式调动人的情感体验，达到情感的交流、沟通、净化和升华，从而为他们在思想方面和价值取向的选择上奠定良好的文化基础和审美根基。另一方面，校园文化长廊以育人为本质，以传承校园精神为己任，其作为一种特殊的教育资源，在校园文化建设中发挥着重要的作用。

校园文化长廊能够使大学独特的校园文化外化为不同的教学理念，从而使高校不断完善大学生人文素质教育理念；校园文化长廊能够为人文素质拓展营造良好的环境氛围，为大学生人文素养的形成提供丰富的精神养料。因为大学文化积淀着一个学校的人文传统，能够在潜移默化中凝聚人心，通过环境氛围感染、熏陶大学生，使其自觉地注重良好人文素养的形成。同时，通过校园文化长廊的建设，提升校园文化的品位，起到对大学生人文精神的培养和塑造的"润物细无声"的作用，将校园文化建成特色鲜明、充满人文气息、沉淀丰厚的人文底蕴、学术空气浓郁、环境幽雅宜人的校园文化，使学生在优美的环境中启迪思想、陶冶情操，在潜移默化中提升人文素养。

校园文化长廊对校园文化的整合作用，主要体现在以下几个方面：一是以先进文化为指导，通过显性的人文环境建设来推动隐性的政治文化建设，以确保校园主流文化的地位；二是重塑大学人文精神，结合自己的历史传统和办学特色，挖掘自身独特的校园文化，建设特色鲜明的校园文化；三是精心设计校园人文景观、校园绿化、校园文化墙等，使学生一跨入校门就能感受到校园独特的文化气息，感受到美的震撼。

校园文化长廊是校园文化最直观的反映，作为大学生人文素质教育最丰富、最感性、最直接的载体，它标志着一所学校的学风和校风，是人文素质教育社会参与实践的重要形式，对学生人文素质的塑造和培养具有潜移默化、润物无声的作用。为切实加强校园文化建设，营造浓厚的校园文化氛围，优化、美化学校育人环境，培养和提高学生的人文素养，进一步推动和促进全校人文素质拓展教育工作，校园文化长廊的建设旨在服务于校园文化建设，通过这一校园建筑传递学院人文精神，使其成为全校师生不断努力进取的文化精神动力，始终激励和鞭策每一位师生都自觉传承发扬学校人文精神；与此同时，将此建筑作为第二课堂的展示平台，为学生人文素质拓展提供依托，把校园文化长廊建设融入学校精神文明建设之中，以德育渗透为重点，突出教育特色，在思想理念、布局格调、育人功能和审美情趣方面达到和谐统一。在文化长廊的内容设计方面，倾向于展示使学生时时受感染、受启发、受激励、受教育的内容，使学生切身感受到文化之美、艺术之美，享受美的熏陶。学院希望通过校园文化长廊营造出来的这种生动、活泼、积极向上的校园文化氛围，使校园充满浓厚的文化气息，并从不同侧面彰显校园文化的精神内涵，启迪学生的思想，陶冶学生的情操，升华学生的情感，提升学生的素养。

校园文化长廊，通俗地讲就是把学校的部分文化以走廊的形式体现出来。其主题应该根据学校楼层功能来定，主要包括天文地理、经史子集、科学人文、行为养成等，关键在于符合学校、学生和时代这三个实际。好的校园文化长廊是极具传播力和渗透力的校园"墙上媒体"和"第二课堂"，能让学生真正陶冶情操、开阔视野，能熏陶学生的品性，激发学生的志向，同时也能反映一个学校的办学特色、办学高度和办学内涵，还能直观反映一个学校的眼界和胸怀，是知识、教育、艺术的有机融合体。

为了在人文素质拓展方面发挥更大的作用，校园文化长廊的建设应包括以下三个方面：校园物质文化、校园精神文化和校园制度文化。校园物质文化是校园文化的有形载体，是校园内在精神的外化，是大学形象和精神风貌的物质依托。其主要包括文化雕塑、校园绿化、生态环境等物质形态。学校在进行物质文化建设时要有统一的规划，根据学校的精神内涵明确文化主题。还要创新思想，建设文化雕塑、文化墙等标志性的文化形象。校园精神文化是学校在历史发展过程中逐步形成的，代表着学校的精神品质，是被广大师生所认同的文化，是校园文化的内核和灵魂。校园精神文化包括学校的优良传统、办学理念、人才定位、价值要求和校训、校徽、校歌等。校园精神文化的育人作用，主要通过发挥校训、校风的内聚作用，使大学生确立共同的价值取向；通过举办高品位的人文讲座，拓展大学生的人文知识，提高大学生的人文素质；通过开展高品位的系列科技文化艺术活动，形成文化品牌，引导大学生自觉参与；通过组织各种类型的人文知识竞赛，激发大学生学习人文知识的积极性等。校园制度包括学校的各类规章制度、校纪校规、行为规范和公约守则等，是学校为了实现教育目标而建立的相关制度的总称。制度文化是高校校园文化的组成部分，是维系高校正常秩序和校园文化整体发展的保障系统，是引导学生遵纪守法，养成良好行为规范的制度保证。

第三节　规范校园文化活动

大学生人文素质拓展工作应根据社会的发展和目前高校的实际情况，与时俱进地展开，这就需要政府及有关各方不断更新观念，大力进行改革，努力探索适合21世纪需要的具有较高人文素质的复合型人才培养模式。其中，颇有成效的一种方式是以校园活动为载体，不断地开展各种文化活动，将教育内容寓于各种文化活动中，使大学生在参与文化活动的过程中接受人文素质教育，拓展人文知识，净化心灵，提升境界，发展能力，提高人文素质。

一、校园文化活动的开展

规范校园文化活动是大学生人文素质拓展的第三大渠道。如何规范则需要从学校层面和校园文化活动层面逐步展开。

（一）学校层面

首先，大学的校园文化活动实际上是最好的人文素质教育，它的多样性具有强化人文素质的导向作用。例如，各种文化、体育、读书、竞赛、科技、沙龙等活动，这些活动充满着积极向上的人文精神，学校应以"贴近师生、全面受益、重点扶持、特色优先"为原则，建立融"主体性、职业性和开放性为一体"的学生文化活动体系，分门别类地完善文学艺术、体育运动、学习竞赛、大众传媒、志愿服务、思想教育、心理健康等覆盖各个领域的社团组织，扩大招收音乐、舞蹈、美术、体育、文学类特长生，充实学生社团，重点扶持有特色和有优势的学生社团力创精品，丰富第二课堂，提升学生的人文素质、科技素质和职业能力。

其次，在新的历史时期、新的形势下，为了与时俱进，学校有关部门要加大力度，多方面支持大学生的校园文化活动，在保证大学生优秀社团文化活动延续的情况下，对于优秀的活动项目，校方要给予积极的肯定与配合，必要时可以提供一定的资金和其他方面的支持，避免使立意非常好的社团活动因为学生力量的薄弱而搁浅，应使富有人文素质教育积极意义的学生社团活动扩大规模和影响面；对于符合人文素质教育导向的好的校园文化，校方应当鼓励并协助其加大宣传力度，加大活动的参与面和辐射面，不能停留在活动的现象层面；对于社团活动的意义和价值，在宣传工作上要动脑筋、下功夫，要进行人文素质教育意义方面的深度挖掘和总结，使好的活动取得更大的人文素质教育感召力和影响力。

再次，校方不仅要支持学生自发自主的活动，也要以校方为主体创办好活动，一般情况下，校方主办的活动的教育目标更明确、资源更多、影响力更大，甚至可以通过整合利用学生社团的人力资源，举办立意更深刻、教育目的更直接的大型校园文化活动，如文化节、校际交流、大型演出、杰出人物和优秀事迹演讲报告会、大型社会考察实践活动、大型公益活动等。这些活动的举办不仅有利于对学生进行生动的人文素质教育，还有利于丰富和提升校园文化生活的内容和品位，更可以提高大学的声望，扩大大学文化对于社会精神文明的积极影响，高校应当加大大学生实践活动的力度和深度，使大学生对实践活动的深层意义有比较全面深刻的认识，以提高广大学生参与活动的积极性。

最后，实践活动的有关组织者、领导者要提高自身的教育水平和活动组织能力，注重在活动中对参与成员的积极引导和生动教育，要率先垂范、以身作则。社会实践活动结束后，要注重积极发掘和总结本次实践活动在人文素质教育方面的深远意义，使教育活动成果进行深入宣传和充分交流，鼓励并组织以发表文章、交流讨论和报告会等形式让参与成员向未参与活动的其他同学分享自己的亲身体验和切身感悟。让下乡支教、科技服务、法律服务、志愿者活动等非常有意义和感染力的实践活动以其不可替代的生动、深刻、真实、感人的特点，获得更大的受众辐射面和人文素质教育成效。

（二）传统文化活动层面

首先，对传统的活动载体进行改进、创新，不断开发新的活动载体，进一步增强活动的人文性、趣味性，重视大学生的网络人文素质教育。积极运用现代网络技术，构建人文素质教育网络平台，建设网络人文素质教育资源库；开辟具有特色的人文知识栏目，开展历史文化图片展览、大学生人文论坛等网络化人文素质教育实践活动。其次，积极开展社团文化建设，发挥社团组织在学生自主学习、个性发展、人文素质提高方面的积极作用。加强对社团活动的指导，将人文素质教育内容渗透到社团活动中去，加大人文性、思想性文化活动的分量，提高社团的文化品位。再次，引导学生走出校园，走向社会，使其在实践中开阔眼界，拓展知识，提高人文素质。最后，大力开展以学生艺术节为主的校园文化活动，举办传统文化经典诵读比赛等活动，不断丰富学生业余生活，拓宽大学生人文素质教育渠道，用校园文化的潜移默化作用培育大学生的人文精神。

二、规范校园文化活动的五个步骤

第一，规范校园文化活动，需要从宏观的角度搭建广阔的社会平台。

服务社会是现代大学的一项重要职能，现代大学与社会联系广泛，大学应结合自身的优势学科、特色专业，在广度和深度上服务社会，社会广阔的资源也能够很好地回馈大学，使其顺利开展人文素质教育。比如，大学利用社会资源建立了若干人文素质教育基地、爱国主义教育基地、就业创业实习基地、社会实践基地等社会平台。这既是大学服务社会的窗口，也是大学生主动接触社会、自觉服务社会发展、锻炼自我的平台。大学加强与这"四大类基地"的联系，可以帮助大学生深入社会、了解社会、学习社会，使其通过社会调查、社会实践丰富社会知识、增长实践才干，提升人文素养。

第二，规范校园文化活动，需要从微观的角度搭建丰富的班级和社团平台。

班级和社团是大学最小的组织单元，但也是学生接触最多、对学生影响最大的活动平台。大学的班级、党团支部、社团组织是开展大学生人文素质教育最直接、最便捷、最有效的舞台。实践证明，一个班风优良的班级、一个志趣健康的社团能够促进组织内的学生更好地成长。大学应该重视班级和学生社团的建设，它们应该成为学校开展人文素质教育的主阵地。为此，大学要加强班主任和社团指导教师队伍建设，指导班级和社团有计划、有目标地开展特色主题素质拓展活动，通过学校层面组织评选诸如"最佳主题班日""最佳社团"等活动，调动学生参与人文素质拓展的积极性、创造性，活跃校园文化氛围，促进学生相互交流、相互影响、共同成长。

第三，规范校园文化活动，要按照校园文化的本质要求开展文化活动。

校园文化建设的功能不仅为高校提供一种新的教育内容和教育教学活动方式,更重要的是它为实现高校育人目标提供了新的视角。校园文化的核心和实质是超功利主义的,它以文化为载体,着眼于精神建设,直接服务于大学生的全面发展。高校要对校园文化的内涵和功能有一个科学的认识,真正按照校园文化的内在要求去搞好校园文化活动,而不能简单地满足于一般的管理和服务;要调动大学生的积极性、主动性、创造性,引导大学生开展各种积极健康的文化活动,使其在潜移默化中受到熏陶,得到教育;要充分发挥大学生社团的积极作用,着力扶持理论学习型社团,热情鼓励学术科技型社团,正确引导兴趣爱好型社团,积极倡导社会公益性社团;要积极开展名校名家讲座、学术报告、高层论坛、学术沙龙等学术活动,营造浓厚的学术文化氛围,使师生感受名师的思想、人格魅力及渊博的知识,提升自身素质。

第四,规范校园文化活动,要推动网络文化建设,创新校园文化建设的载体。

随着互联网的发展和高校信息化进程的加快,大学生已经成为网络用户的重要组成部分。网络以其开放性、虚拟性、双向性,以及超大容量的信息流对广大师生的思想道德观念和行为方式产生了较大影响。可以说,网络文化建设已成为高校校园文化建设不可忽略的重要阵地。根据大学生接收信息途径发生的新变化,我们要善于运用互联网等新兴媒体,构建积极健康的网络文化环境。学校要建设好融思想性、知识性、趣味性、服务性于一体的校园网站,丰富校园网络形式,有针对性地开办一些理论网站和健康论坛,传播优秀的校园文化内容,围绕一些重大问题进行积极引导,牢牢把握主动权,使网络成为教师与学生之间沟通的桥梁,成为校园文化建设的新阵地。此外,要引导学生遵守网络道德,树立网络法制意识,引导其自觉抵制网络垃圾的侵蚀,自觉维护网络秩序。

第五,规范校园文化活动,要搭建数字式校园文化活动平台,构建校校联动机制。

校园文化活动是校园文化中最活跃的动态因素。"微媒体"时代,建设数字式校园文化活动平台,及时、快捷、生动地传播校园文化,发布校园文化活动信息,这有助于调动师生参与活动的积极性和主动性,形成主办方与受众对象上下联动的格局。在数字式平台上,学生有了很强的主动权,不再仅仅是被动的信息接收者。学生可以使用微博参与信息发布，选择自己感兴趣的话题参与讨论，对自己感兴趣的活动加以关注。在校园文化活动日益丰富的今天，数字式的校园文化活动平台为学生提供了更为开放、自由的平台，学生通过@某人、转发、评论等功能推送信息，组织讨论，助力校园文化活动的推广。数字式校园文化活动平台拥有立体化、多层次的沟通网络，增强了校园文化活动的影响力。一方面，媒体的开放性增进了高校与外部社会之间的广泛交流，高校可以利用这一阵地，主动开辟、设置多种交互性强的栏目，通过在线交流、读者留言、微论坛等形式，拓展校园文化活动空间；另一方面，数字式平台的介入，还可实现校园文化活动线上与线下的配合、补充，在校园内广泛营造校园文化活动的开展氛围。

第四节　设计人文素质拓展的目标

高校学生的人文素质是学生在人文方面所应具有的综合品质及所达到的发展程度，从"全人"教育理念及教育的社会属性出发，我国高校学生人文素质教育的目标主要是适应学生个人发展与社会发展的双重需要。基于此，高校学生人文素质教育的目标是：通过人文知识、人文精神、人文行为教育，使学生学会自我管理、自我教育、自我服务、自我发展，成为一个具有与高校学生的年龄、身份、教育背景相匹配的人才，具有与高技能人才将来从事职业活动所需具备的知识、技能与职业态度素养，成为一个爱生活、有理想、有追求、追求真理、勇于自我实现的人，达到成人、成才、成功目标，为最终成长为真正意义的德智体美劳全面发展的人奠定基础。

制定人文素质拓展目标这一措施是大学生人文素质拓展的第四大渠道。大学生人文素质拓展是一个循序渐进的过程，主要是以第二课堂开展的活动为主要抓手，紧密联系第一课堂，突出强调创新素质为基础的培养理念，围绕创新素质和能力培养，注重学生素质深度和广度拓展相结合、注重素质结构的完善、注重学生超越潜能的发挥，培养能肩负时代使命和社会责任、传承中华传统文化优良品质、具有国际化视野和社会适应能力的复合型人才，逐步拓展培养模式；充分挖掘大学第一、第二课堂对接的实践教学课程的教育功能，在思想教育、职业指导、心理健康教育、专业教育等方面融入人文素质教育内容，逐步建设以案例教学、实践教学、模块化建设为特色的素质拓展教学模式；努力开发素质拓展实施路径，建设以传统文化传承和现代文化建设为重点和核心的素质拓展训练模式。因此，以目标为导向设计人文素质拓展的项目，对于实现大学生的全面发展和成长成才具有重要作用。

首先，设计大学生人文素质拓展的目标需要完善大学生人文素质拓展体系的构建，让学生主体经历不断学习、养成、体验、创新的四位一体过程。

1. 开展大学生素质拓展教育，拓宽其知识面，使其全面发展。它是体系构建的基础和起点，是大学生主体完善知识结构、保证自身整体全面和谐发展的过程。大学生素质拓展教育首先是教会学生学习、完善知识结构的知识教育、学习教育。这种学习教育不是狭隘的专业知识学习，而是促进学生不断拓宽知识面、全面提高综合素质的博雅教育、通识教育。校园文化活动的开展，如读书节、人文科技讲座、创业教育、心理健康教育、职业生涯规划教育等多样化的活动，拓宽了学生的知识面，弥补了课堂教学中的不足。

2. 规范养成教育融通道德，坚定信念。它是在承接学习阶段的基础上，通过各种手段在日常学习、工作和生活中，提高大学生各方面素质，促进其养成良好的道德品质和行为习惯的过程。作为大学生必须接受的基本教育，养成教育是在学习教育的基础上致力于全面提高大学生知、情、信、行等素质内化的教育，是提高大学生的身体素质、智能素质、道德素质、心理素质等最基本的素质教育，是培养大学生形成自觉遵守社会主义道德行为和习惯，以更好地融入社会的教育。大学生作为社会存在的个体要掌握行为规范、养成良好习惯，必须通过社会交往、社会实践活动等实现大学生主动参与丰富多彩的校园文化活动，不断发现问题、解决问题，提高自己分辨善恶是非、自觉砥砺品行、不断完善自我的能力，从而坚定理想信念，树立正确的世界观、人生观、价值观。

3. 丰富体验教育，践行内化，知行统一。它是大学生通过充分参与和体验各种社会实践，提升综合能力、促进个性发展，是大学生将学习的知识、养成的道德品质等转化成社会实践、实现创新的中间环节。在学习教育、养成教育的基础上，大学生素质拓展教育需要引导学生走向体验教育。它是学生在教师的启发和指导下，通过参与特定的情境训练和实践活动，进行情绪管理、发展自立能力、发现和解决问题,从而践行内化养成教育,保持知行统一。大学生通过亲身参与实践活动、主动体验具体情境,改造主观世界,提升自身的思想境界和人格品位。校园文化活动营造各种训练情境、举办相关的主题活动,有助于丰富大学生体验教育,拓展大学生的综合素质。作为大学校园常见的校园文化活动,各种各样的主题教育实践活动可以让学生进行自我教育和自我改造。

4. 立足创新教育,建功立业,推陈出新。大学生素质拓展教育的目标就是要塑造和培养大学生创新思维和创新能力。大学生的全面发展不仅包括学生德智体美劳等人格的养成和技能的培养,而且更重要的是对大学生创新创造实践能力的塑造。大学生素质拓展教育的立足点和目标是把大学生培养成为创新型人才。高校校园的文化活动,特别是各种社会实践活动、创新创业设计大赛、挑战杯大赛、全国大学生机器人大赛、全国电子科技大赛等能有效调动学生创新创业兴趣,激发学生创造性思维,对培养既懂理论又会技术兼能创新的综合型创新人才有着重要意义。

其次,设计大学生人文素质拓展的目标需要完善大学生人文素质拓展项目的实施目标。

1. 以培养合格接班人为目标来设计人文素质拓展项目。我国大学的核心任务是为社会主义国家培养合格的建设者和接班人,因此我们的人文素质教育要围绕社会主义核心价值体系,在结合学校的专业特色、行业特色,开展爱国、爱党、爱校教育,抓住建国、建党、大学精神等重大教育活动,旨在培养学生的责任感和未来的使命感,培养他们对国家、民族的自豪感,使其具备能够承担更大责任的能力。

2. 以提升大学生适应未来社会的竞争力为目标设计人文素质拓展项目,即实施职业训练计划。大学生择业和就业的可持续发展能力及素质是当代大学生必须具备的能力和素质。大学可以通过开展全程化、多路径职业发展训练、辅导、拓展学生就业和职业发展的可持续能力。这是个体终身受益的能力和素质,影响其一生的发展。对高校来说,开展职业指导不仅仅是面向学生开设一门或若干门就业指导的课程,而是对学生进行职业教育和职业生涯规划的系统工程,它应该成为高校人才培养的重要组成部分。当下,大学开设的就业或职业指导课程,内容相对单一,一般仅局限在择业的技巧和方法的指导上，很少从人的素质提升层面考虑。比如，可以考虑加强就业指导的模块化建设，增设创业教育、职业与历史、职业与文化等模块，通过开展职业训练活动（如模拟面试、职业规划比赛、就业实习等）来提升学生择业技巧能力，也要引导学生了解职业的文化内涵和择业的伦理操守，这将有利于他们从学生到职业人身份的顺利转变。

3. 以提升学生创新能力为目标设计人文素质拓展项目，即实施创新创业训练计划。创新是一个国家、一个民族乃至一个个体发展的灵魂。创新和创业相联系，一方面创新能够促进创业，另一方面创业能够为创新提供物质基础。在大学阶段，培养学生的创新创业能力，要将这种能力融合到学生的基本素质之中，使其成为大学生自身知识体系中一个不可或缺的部分。大学通过开展创新创业实践、营造创新创业氛围、培育创新创业精神，发现和培养一批未来产业的经营者。

4. 以培养未来事业的接班人为目标设计人文素质拓展项目，即实施领导力提升计划。大学的核心任务就是"育人"，既要培育建设国家的各类专业人才，也要教育促使这个国家走向繁荣富强的领导人才。我国大学是社会主义国家的大学，大学培养的人才能不能在意识形态上接受马克思主义，这关系到"举什么旗，走什么路"的重大问题。因此，要把马克思主义中国化渗入中国文化的各个领域，把中国特色社会主义理论体系根植于大学人文素质教育之中，使之成为国民素质教育的重要组成部分，引导更多的青年才俊信仰马克思主义。实施领导力提升计划，主要是在高校中深入推进"青年马克思主义工程"、学生干部领导力提升活动，加强各级学生组织、学生社团的建设等，训练和提升学生的领导力，培养学生中的管理精英，促进学生全面发展。

第五节　建立科学的考评机制

人文素质拓展教育最核心的部分应当是引导与评价。引导是指学校通过制度设计，激发大学生自觉选修人文课程，主动参与社会实践和课外自修，积极投身校园文化活动，把外部的被动压力变为自身主动的选择，努力提高自身的人文素质和思想品格。评价是学校通过素质档案建设，来记录学生素质发展的进程，认证学生的人文素质成果，并给予相应的褒奖和荣誉。因为只有积极的引导和客观的评价，再加上社会的认同，大学生在追求人文素质养成的过程中才会有动力。

建立科学的考评机制是大学生人文素质拓展的第五大渠道。构建科学的人文素质拓展教育考核评价体系，是高校学生人文素质拓展教育的关键所在。完善的人文素质拓展教育考核评价体系有利于构建人文素质培养模式，有利于学生知识、素质、能力的全面协调发展，对进一步更新教育思想、转变教育观念、拓宽教育渠道、深化教学内容和教学改革、提高教育质量和教育效果有巨大的推动作用。

第一，建立科学的考评机制，需要确立人文素质教育的考核评价标准和方法。

制定科学的、可操作的人文素质拓展教育考核评价标准。针对每一项评价内容制定评价标准，这个标准应结合有关教育文件、学校实际和不同院校的标杆做法来制定。它应该是具体的、可操作的，并且是有层次的，如达标标准、优秀标准、示范标准等。确立科学的人文素质拓展教育评价方法，主要是"定量评价"与"定性评价"相结合，并非所有的项目都能量化测评，因此应当将两种评价方法有机结合，在定量分析中合理运用定性方法，使量化指标的含义更清晰。具体方法包括查阅相关档案材料，召开相关领导、教师、学生座谈会，实地考察、个别访谈，设计调查问卷并对调查结果进行科学统计与分析等。

第二，建立科学的考评机制，需要构建完善的人文素质拓展教育考核评价内容。

高校人文素质拓展教育评价内容应包括三个方面：高校人文素质拓展教育的运行机制的评价，高校人文素质拓展教育的课程体系的评价，高校人文素质拓展教育的校园文化环境的评价。对高校人文素质拓展教育运行机制的评价主要是评价人文素质拓展教育的组织和落实情况，评价内容包括是否有组织领导、是否有工作机制、是否有经费保障、是否有考核等；对高校人文素质拓展教育的课程体系的评价，评价内容主要包括课程内容是否涵盖人文素质拓展课程，以及人文素质拓展课程的开设学时、方法、学生人数，人文素质拓展课程在全部课程中所处的位置等；对高校人文素质拓展教育的校园文化环境的评价，该评价体系所评价的内容主要包括完善健全的学校规章制度，先进的办学理念，健康的校风、校训，良好的周边环境，净化、绿化、美化的校内环境等。这是因为校园文化环境由学校硬件设施环境所包含的文化形态和校园软件设施所蕴含的文化氛围共同组成。

第三，建立科学的考评机制，需要提供多维度的考评标准。

素质是看不见、摸不着的，当同学们参与了一系列的人文素质拓展项目后，成效如何，人文素养提高了多少，比较难有一个确切的考核评价。怎么对大学生的人文素质拓展进行科学有效的考评，这既是一个难点，也是一个导向。因此，应建立多维度的考评标准。人文素质拓展具有一定的特殊性。有些高等院校将人文素质分为"德育""智育""技能""创新能力""组织活动能力""人际交往与心理健康"六个方面，在进行考核时，分别赋予其不同分值并进行量化测评。人文素质拓展考评的形式要多样化，多维度，可以采用小论文，也可以采用调研报告的方式，还可以采用学生的获奖作品等各种方式。在学生毕业时，部分高校按照学生的测评总成绩来发放高校学生人文素质养成证书。

第四，建立科学的考评机制，需要考评学生的日常表现。

学生的日常行为表现往往能准确体现学生的人文素质修养，特别是一些细小的事情，反而成为衡量学生人文素养高低的重要标志。因此人文素质拓展教育考评要特别注重学生的日常表现，不但注重课堂表现、作业表现，而且要注重学生互评，其表现结果将成为对学生综合测评的重要依据，并要将考评结果及时反馈给学生，征求学生自身的意见，从而达到沟通思想的效果，使学生能够"自我认识""自我反省"。

第五，建立科学的考评机制，需要打造学分认证平台。

学分是教学环节计量的单位和手段，学生是素质拓展工作的主体，应将大学生素质拓展作为活动课程纳入学校的人才培养方案，以学分制形式推进素质拓展活动的实施。建立一个科学、准确、客观的考核评价体系，充分调动学生参与活动的积极性，使学生认识到素质拓展的重要性，增强其自我提升的主动意识。

学生参与人文素质拓展活动得到相关机构认证之后可以给予相应学分，

通过素质拓展学分认证网络评分,记录学生参与融入素质拓展的第二课堂活动的时间、次数、形式、内容和学分。素质拓展考核认证过程中,要依据素质拓展活动不同的级别、内容和效果设置不同的学分。学分认证网络平台要基于高校的办公自动化平台建设实现网络管理化,通过整合,与高校网络办公系统、高校通信宣传平台对接,有利于学生学分管理科学化和活动开展便捷化。遵循主办者负责认证的原则,如团委主办的素质拓展活动由团委负责。素质拓展学分认证网络平台包括系统管理模块、素质拓展模块、网站管理模块、系统维护模块,实施学分预警机制,这样学生就可以时刻掌握自己的学分情况,掌握学校开设素质拓展活动的内容、形式和时间。学生通过活动积累一定的学分,最终获得高校颁发的素质拓展证书。学分认证网络平台有利于素质拓展学分认证过程规范化和精细化,可以有效地进行素质拓展活动信息化统计,监控学生参与素质拓展训练活动的现状,了解学生对具体拓展项目活动的偏爱程度;同时可以激发学生参与素质拓展的热情,鼓励学生积极参与社会实践活动、文艺活动、体育活动、社团活动等第二课堂活动,通过参与提升其人文素养。

1. 打造学分认证平台,实现管理信息化。为减少师生在素质拓展管理上的时间和精力,更好地实施大学生素质拓展计划,规范开展素质拓展活动,确保活动项目的发布、报名、组织、认证等管理工作高效有序,需加强信息化建设,研发并推出一套大学生素质拓展网络管理系统,保证良好的交互性、时代性和开放性,增加工作透明度,提高素质拓展活动的质量和效益。

2. 打造学分认证平台,编订《大学生素质拓展指导手册》(以下简称《指导手册》)和《大学生素质拓展认证手册》(以下简称《认证手册》)。《指导手册》让大学生素质拓展计划有"教学大纲"和"教材",引导学生积极投身素质拓展计划,有助于学生分阶段、分类别、分层次选择有利于拓展自身素质的项目,确保质量和效果;《认证手册》采用以过程记录为主的方式,用于记录学生在素质培养和发展过程中的重要经历和取得的主要成就,为社会认同大学生素质拓展训练过程提供凭证和参考。

3. 打造学分认证平台,需要协调多方力量。大学生素质拓展计划的实施是一项庞大的工程,需要一个强有力的组织体系保证,仅仅靠团组织的力量远远不够。学院学生素质拓展组织机构应由院、系、班三级组成,分别负责素质拓展工作的指导、规划、实施和学分认证。完善三级联动组织体系，形成强大合力，对素质拓展工作进行统筹协调，确保素质拓展组织管理工作的规范化。实现大学生素质拓展结构的科学化，打造学分认证平台，实行分级打分。按照分层规划、分级设计的原则。

  高校每年统一规定素质拓展活动，根据办学实际、人才培养要求、学生成长发展规律，按照团中央、教育部等的规定，把素质拓展项目划分为五大模块：社会实践与志愿服务模块、学术科技与创新创业模块、文化艺术与身心发展模块、社团活动与社会工作模块和技能培养模块。将素质拓展活动分为国家级、省级、市级、院级、系级五个级别。同类别下一级活动的分值原则上不能高于上一级，同一个活动不重复计分，逐级选拔的活动只计最高分。将素质拓展学分纳入人才培养方案，与学生学历、学位相挂钩，实现素质拓展活动项目化管理、课程化考核。

第七章 校园制度文化建设

第一节 校园制度文化概论

一、校园制度文化的重要性及内涵

校园制度文化是学校文化的重要组成部分,加强校园制度文化建设是当前文化立校不可或缺的关键一环。校园制度文化建设在学校文化建设中的重要地位和作用昭示我们,在进行校园制度文化建设时,一定要着力做好制度的优质生成和制度的高效执行两方面工作,从而有力地推动学校文化建设,促进学校的可持续发展。

校园制度文化作为学校文化的重要组成部分,是处于核心精神文化和浅层物质文化之间的中间层文化。它不仅是维系学校正常秩序必不可少的保障机制,也是学校文化建设和学校发展的保障系统。如果把学校文化建设比喻成一艘前行的巨轮,那么高悬的航标就是精神文化,航行的规章守则就是制度文化。因此,校园制度文化建设在学校文化建设的大体系中扮演着极其重要的角色,我们一定要在深刻认识和理解校园制度文化的基础上,切实抓好校园制度文化建设。

校园制度文化,简言之,即由校园制度所承载、表达、衍生和推动的文化。它是一所学校渗透在体系架构、规章制度、工作流程、岗位职责中的价值观念和风格特色,也是在生成和执行各类制度的过程中折射出来的价值取向和行为准则。校园制度文化是有形的制度与无形的价值的有机结合,一方面以有形的制度作为载体,另一方面以无形的价值在学校的诸多领域体现出来,不仅体现在制度本身,而且通过制度实施,体现在一切结构、组织、形式、过程、方法、技术、行为方式、人际关系、心理氛围之中，校园制度文化更加发展完善，无形价值在上述各领域的体现与制度所承载和推动的文化越趋同。

二、校园制度文化的属性

校园制度文化作为校园文化的内在机制，包括学校的传统、仪式和规章制度，是维系学校正常秩序必不可少的保障机制，是校园文化建设的保障系统。没有规矩，不成方圆，只有建立起完整的规章制度规范师生的行为，才有可能建立起良好的校风，才能保证校园各方面工作和活动的开展与落实。但仅有完整的规章制度是远远不够的，还必须有负责将各项规章制度予以执行和落实的组织机构和队伍，因此，还必须加强相应的组织机构建设和队伍建设，也就是说，制度文化建设实际上包括制度建设、组织机构建设和队伍建设三个方面，组织机构建设和队伍建设是确保制度建设落到实处，并使其真正起到规范校园人员言行的关键环节。校园文化组织机构的健全和完善，校园文化队伍的勤奋与能干，对正常开展校园文化活动，加强校园文化建设，具有十分重要的、决定性的作用。

（一）校园制度文化的性质

从性质特点上看，校园制度文化应该是一种柔性与刚性并蕴的文化，是一种阶段稳定与适时变异相结合的文化，也是一种可塑性与可控性共存的文化。首先，校园制度文化将柔性文化价值融入刚性的制度规范之中，从体制法规层面，将学校精神文化加以落实和推广，校园制度往往以规定、条文、指标、标准、纪律等形式出现，要求人们必须怎样和不得怎样，是明确的强制性的规矩，具有一种刚性的约束力（与精神文化和物质文化相比，这种强制性约束，正是制度文化在作用机制上的最大不同），但良性的校园制度本身又是具有人性化和亲和力的，而且在执行的具体过程中，校园制度要约束、惩罚与保护、奖励相结合，在惩处的同时还要辅之以春风化雨式的思想教育和人性关怀，使执行非但不冷冰冰，反而充满温情的色彩。其次，校园制度一经学校成员共同确认并形成文本，就要在一定时段稳定下来，无必要原因不能朝令夕改，以保持其稳定性，便于执行，但这种稳定只是相对的，环境条件变了，学校发展的目标和要求变了，制度也必须适时地做出改变，否则就失去了制度存在的意义。最后，校园制度主要是人建构的产物，作为主体的人完全可以根据学校文化建设和学校发展的需要，适时能动地去选择、设计和创造某一种制度，并监督和控制它的运行，因而校园制度文化又是一种可塑性和可控性很强的文化。

（二）校园制度文化的功能

从功能效用上看，校园制度文化是学校精神文化的转化器、激发器和推进器。中国多年的改革实践证明，任何事业的改革和发展，制度变革都具有决定性的意义，制度变革是改革发展的突破口和关键环节，因此要实现文化立校，促进学校发展，就一定要高度重视制度文化的构建，进行系统的制度安排。对于校园制度文化来讲，它不仅是一种价值激励因素，也是一种利益刺激杠杆，它既要触及人的精神价值，也要触及人的名誉利益，而后者更多地体现为刚性约束。正是依靠制度的柔性教育和激励，特别是制度的刚性约束和转化，学校精神文化才得以更广泛、深入和快速地推进，没有制度文化的刚性约束，单靠精神文化本身的教育引领，单靠物质文化的教育熏陶，新型的学校文化要想在学校成员身上得到切实的内化是不可想象的，学校要实现有序的良性发展也是不可能的，学校文化建设前行的速度、到达的高度、辐射的广度都将受到很大影响。那么，校园制度文化有些什么功用呢？其功用主要包括以下三个方面。其一，通过认识导向、情感陶冶、人文关怀，特别是行为规范，给师生提供优质的文化心理氛围和正确的行为模式。其二，整合学校组织体系，促进学校运转协调有序。其三，传递学校文化信息，塑造学校个性形象。

（三）校园制度文化的形态

从形态类别上看，校园制度文化在三个不同维度上分别以两种形态存在。①外向制度文化和内向制度文化。前者指学校与上级、家长、社区等周边环境打交道所遵从的制度文化；后者指学校内部用于自我管理的制度文化。②正式制度文化和非正式制度文化。前者是学校正式结构和正式制度表现出的文化，即明规则；后者是学校非正式结构和非正式制度表现出的文化，即潜规则。非正式制度文化又可分为顺向非正式制度文化和逆向非正式制度文化两类，前者指良性的或与正式制度文化相容的非正式制度文化，后者指不良的或与正式制度文化不相容的非正式制度文化。③静态制度文化和动态制度文化。前者指以文本形式存在的制度文化，它是制度文化形成的起点；后者指内化到人的行为上的制度文化，它是制度文化建构的归宿。校园制度文化建设的重要使命就是促进外向制度文化与内向制度文化协调配合，全方位地建设和弘扬正式制度文化，修正不良的非正式制度文化，最终使明规则最大限度地涵盖学校公共生活的各领域，潜规则向明规则方向最大限度地靠拢，静态制度文化与动态制度文化最大限度地契合，制度的客观精神最大化地内化为人的主观精神，从而达到制度文化建设的较高境界，为学校文化建设这艘巨轮助航。

（四）校园制度文化的功能

众所周知，国有国法，家有家教，校有校规。一个集体、单位或家庭的文明体现有赖于制度和规章的建设。物质文明的建设是集体的肉体，制度的建设是集体的血。因此，健全、充实、有活力的制度是学校的治校之本。离开制度的建设，学校的管理会成为无源之水、无本之木。制度的建设必须具有系统性、层次性、发展性和权威性。

1. 制度的系统性

系统的制度是保证学校正常运转的基础。系统性是指制度建设的广度和深度。学校应根据实际情况，制定出一套条与块相结合的制度，使其形成纵横交错的网。如在管理人员的分管上制定《行政领导的包级、包班制度》《年级组长岗位责任制度》《班主任转化偏常生记录》《值日教师卫生包片登记》等，这些条条章章规范了管理人员的行为标准，强化了其责任意识。如在处室的分管上可制定出教务处《教学管理》，政教处《集会纪律》《宿舍文明章程》《违纪处理规定》，总务处《学校财经制度》《厨房管理条文》。这些制度的出台与落实，摆脱了学校管理的口说无凭，制度既到点又到面，可增强制度的持续性，体现制度的生命力，使管理有法可依，办事有章可循，最大限度地调动师生员工的积极性。

2. 制度的层次性

俗话说：教学有法，教无定法。这句话的科学体现是有针对性、层次性。我们可以理解为制定规章制度遵循客观规律，因情施策，对症下药。针对不同的群体制定措施并加以落实。

3. 制度的发展性

与其他事物一样，制度也不断面临着新事物、新挑战。因此，我们应具有发展的观点，紧跟时代的脉搏，促进制度的革新。目前，很多大学的建校史不是特别长，但是硬件的建设已是一日千里，制度也必须与时俱进，必须依赖于物质基础。客观条件改变后，制度建设不能因循守旧，停滞不前。人们从陈旧的、保守的、阶段性的观念过渡到改革创新的大潮中去。新的理念要适应新的实践，才足以使学校的管理得到充实和完善。根据形势的特点、客观的要求，必须出台行之有效的管理方案。比如在二十年前，很多山区的学校教师住房条件还很差甚至没有，一些教师住在校外或走教，教师的管理有人浮于事的现象，后来，政府出台了安居工程并进行了落实，这对教师管理提出了新的要求，赋予了新的内涵。又如，在饭堂出现杂、乱、差等现象，我们必须及时调整策略，用人治事。凡此种种，不一而足。古希腊一位哲学家曾经说过："人不能两次踏入同一条河流。"识时务者为俊杰，如没有时代的紧迫感，不掌握事物的动态发展，不抓住被管理者的动态思维，用年年如此、岁岁今朝的制度，通过呆板麻木、粗糙无味的方法去实施，那工作就会逆水行舟，甚至可能前功尽弃。

三、校园制度文化建设与学生工作实施的理论基础

纵观当前我国各大学校变革进程，以促进学生发展作为教育变革的核心理念正在成为共识，创新和发展学校内部制度以确保变革成果也已开始引起重视，然而，现实中仍存在一些问题。一是制度资源匮乏。一些学校（尤其是经济落后地区的学校）极度缺乏制度资源，除了惩罚条文，就只是一些财产管理方面的制度。二是制度意识欠缺。一些学校虽有制度条文，但却形同虚设，遇到问题时往往求助于经验。三是制度设计仅仅体现管理者的意志，或仅仅关注事的管理，缺乏人文关怀。四是制度多是自上而下地产生，缺乏民主参与，这样的制度通常是被机械被动地执行。如何把握制度创新建设的尺度，使之有效地发挥对学生发展的支撑作用，已成为我们需要深入探讨的问题。

（一）制度设计与人性假设的关系

制度可以理解为一种必要的规范或限制，但过分的规范和限制可能造成强制性控制；制度也可以理解为一种契约，制度通过共议产生，参与制度制定的人共同认可，愿意接受制度的制约、承担制度赋予的责任，同时也分享制度带来的利益。对制度的不同理解源于制度制定者对人性的认识，或者说，关于人性的不同假设导致了对制度功能的几种不同主张。

（二）人性假设与制度功能

由于上述各种假设对人或学生的本质或天性的假设都是天生的、基本的，所以在用于讨论学校内部制度时，不能简单照搬。因为即使是最年幼的学生，其本性也不可能是纯恶、纯善或者纯中性的，作为制度的假设前提，所谓恶的、善的和中性的，仅仅是一种倾向性判断而已。如果持恶而能动的人性假设，就会看重制度的限制和控制功能；持中性而被动的假设，会制定塑造式的制度；持善而能动的假设，则会提出保护的、激励的、适度规范的制度主张。恶而能动的人性假设，来自教育者（同时也是教育制度的设计者）对一些不合乎社会规范行为的以偏概全的印象，哪怕这些恶的行为表现并非出于作恶的动机，而不过是以自傲的方式表达自卑，以故意违规表达需要关注的愿望，以不屑、疏远甚至攻击性行为表达爱慕，其往往都被归入恶行之列。中性而被动的人性假设，本质上是白板说的翻版，视学生为可以任意印刻、任意塑造的对象，这一观点忽略了学生进入学校时已带有以往形成的意识和经验。

第二节 校园制度文化建设及其指导思想

校园制度文化建设主要应做好两个方面的工作：一是确保制度的优质生成，此项工作的着力点主要是对于制度文本的完善，打造的是静态的文本化的制度文化；二是确保制度的高效执行，此项工作的着力点主要是对人的行为的规范，打造的是静态的人性化的制度文化。制度生成是基础，制度执行是重点也是难点,制度执行的目的就是促进文本化制度文化向人性化制度文化的迁移,并通过实践的检验和反馈,不断修正和完善制度。

一、确保制度的优质生成

校园制度的优质生成,包括三个层面的含义。

首先,校园制度的生成要充分完善,不能有显性缺失,也不能有隐性缺失。所谓显性缺失,是指学校完全缺乏某些方面的制度。所谓隐性缺失,是指某些方面虽然有了表面完善的制度,但制度完全形同虚设,这等同于没有制度。解决显性缺失,就要抓紧制定和完善校园制度;解决隐性缺失,就要唤起人们对这些缺失制度的重视,真正按制度办事。

其次,校园制度的生成要合理合法。校园制度的科学性和适用性,其实主要源于制度本身的合理性与合法性。校园制度的合理性主要表现为既要合乎基本的人性,带有人情味,也要合乎教育发展的客观规律性,违背人性和违背教育自身规律的制度,必然丧失其内在合理性,不可能得到科学的实施和运行。校园制度的合法性,一方面是指校园制度的生成必须获得相关利益群体的认同和接受,另一方面是生成的程序要具备正当性,即须经过合法的程序。从这个意义上说,合法性必须建立在民主的原则基础上,一切专制的规定和做法,都不能赋予校园制度生成的合法性,而不具有合法性的制度必定会遭到学校成员的质疑、抵触和挑战,执行起来难度会比较大。

最后,校园制度的生成要质量优良,因为劣质的生成和劣质的制度都会影响执行的效度。质量优良的制度生成,大致需要做到以下几点:生成制度的性价比要高(制度运行的效率远高于制度生成和运行的成本);学校全体或部分成员普遍适用;与学校的精神价值一致,充分体现出制度文化的先进性;各项制度要互相支撑和衔接,制度内部的各项要求需要协调一致,不能相互矛盾;具有较强的可操作性;针对性强,符合学校需要,有利于解决存在的问题;相对简洁好懂,便于理解执行。

二、确保制度的高效执行

制度执行,是静态的文本化制度文化向动态的人性化制度文化迁移的关键环节，校园制度文化建设能否到位，主要取决于制度执行是否落实。而对于很多学校而言，制度的生成不难，难的是制度的执行。有的学校制度制定有余，但制度执行严重不足。其实任何一项制度一经颁布实行，就会或早或迟地产生效应（即时效应与后续效应），这种效应就是动态制度文化。即时效应的大小与旧制度文化影响的强弱、新制度文化是否深得人心、逆向非正式制度文化是否固有存在很大关系。因此，在校园制度文化建设过程中，为了使制度执行落到实处，打造高效的制度执行力，更好地产生即时效应，不断地提升后续效应，除了公开民主地制定制度，以提高师生对制度的认同感和接受度以外，还需做好如下工作。

1. 加强教育培训，宣传造势，营造氛围，进一步提高学校成员乃至社会各界对校园制度文化的认同感和理解力。虽然学校师生参与了民主制定制度的过程，但每个师生对制度的理解力和接受度仍会高低不齐，通过教育培训、宣传造势、营造氛围，让师生更深切地感受到校园制度所要达到的愿景，明确自己的权利、责任和行为的边界，将有利于提高师生对制度的主动执行水平，为学校文化建设和学校发展营造良好的校内环境。而社会各界如能形成对校园制度文化的正确认识，将有利于减少学校在执行制度时面临的障碍，为学校文化建设和学校发展营造良好的外部环境。

2. 树立制度权威，规范公正高效的执行制度。制度要想起作用，就要有权威，而只有规范公正高效地执行制度，制度权威才能得以树立，制度执行的效益成本性价比才会更高。所谓规范，就是依章执行，按程序执行。所谓公正，就是执行要以事实为依据，以制度为准绳，处置准确，宽严适度，而且要公开透明，对事不对人，不徇私枉法，确保所有学校成员在制度法规面前一律平等，不仅要公正地管理，还要公正地评价、考核和奖惩。所谓高效，就是通过深入调查获知事件原委，在维护师生合法权益、适当考虑情理的前提下，依法果断地执行。为使校园制度执行更加规范公正高效，必须在校园制度文化建设过程中，强调公平、正义、程序、成本、效益、质量、落实、细节、责任等理念意识，同时对制度执行的过程和结果加以有效监控，防止管理者滥用职权，防止暗箱操作，防止执行变形走样。

3. 刚性执行与柔性执行相结合，约束与激励相结合，执行与教育相结合，以提升执行实效，提高师生自我执行、自我管理的水平。刚性执行确有必要，这是推进制度文化建设的必由之路,但柔性执行也不可缺少,因为制度面对的是有生命、思想、个性、感情的人,如果一味生硬执行,往往收不到应有的效果。因此,在具体的执行过程中,首先,要一方面照章办事公正执行,另一方面全面辩证地分析问题,力求执行公正服人。其次,奖惩要结合,既要以惩戒来强化刚性约束,又要以奖来强化柔性激励。最后,制度执行与思想教育相结合,领导在执行制度时,要作风民主,要增进与师生的交往与交流,从需要、动机、情感等多角度来加强与师生的心理沟通,强化对师生的正向激励。只有这样,师生的抵触情绪才能减少,制度的静态文化才能更敏捷地转化为动态文化,自觉执行制度的内驱力才能持续产生,从而使制度管理从外在约束渐次演进到内在自律,不断提升师生的自我约束和自我管理水平。

第三节 校园文化的传播途径

一、校园电视台

校园电视台在现在的各学校已经相当普遍,它成为学校德育工作的重要阵地,如宣传教育政策方针、展示学生风采弘扬积极向上精神等。校园电视台确实是伴随学生成长的精神食粮供给站,也正因此,整个教育界不能忽视它的存在,德育阵线必须关注校园电视台的科学运作和长远发展,充分发挥校园电视台的德育作用,使其为学校育人服务。在新时代,如何将本校的校园电视台办得有声有色,并形成一套完整的工作流程和人事管理机制,确实是大家需要共同探讨、协同进步的深远问题。本书从笔者多年从事校园电视台的实际出发,从功能、人事设置、工作内容、集体成员生活、例会和制度等各方面解剖校园电视台运作,愿为我国建设校园德育重要阵地,促进校园电视台的蓬勃发展出一份力。过去有人认为校园电视台只不过是一些有兴趣的同学在一起做一些电视短片类的工作或者在教师的指导下做一些拍卖会议、拍课堂录像的电教类工作。我们被这种观念影响了很多年,缺乏将电视台作为一个德育阵地的正确认识,不明白校园电视台的工作完全独立于电教工作，更侧重于精神引领。此外，对于我国的很多学校而言，学生学习是首要任务，但智育之外，德育才是立身之本。那如何对学生进行德育教育？领导和班主任苦口婆心的言语教育在多数时候似乎适得其反，学生不愿意听，自然没有效果，甚至造成逆反心理。究其原因，学生需要在实践中完成自我性格、品质的建构和提升，我们需要为学生提供多种形式的实践体验情境，而不是单纯的言语说教，恰好校园电视台起到了这样的作用。

高等学校校园文化是社会主义先进文化的重要组成部分，是先进文化的重要源头，始终处在社会文化的前沿。高等学校既承担着育人的重要职责，又承担着引领社会文化的重要任务。校园文化具有凝聚作用，通过研究和宣传科学理论，可以把人们紧紧地团结在中国特色社会主义的伟大旗帜下；具有引导作用，通过传授人类文明，可以帮助人们培养良好的道德思想品质；具有辐射作用，通过知识传播和人才培养，可以对社会主义经济建设、政治建设、文化建设和社会建设产生积极影响。因此，加强校园文化建设对于推进高等教育改革发展，加强和改进大学生思想教育，全面提高大学生的综合素质，具有十分重要的意义。随着社会的进步，全国各高等学校中的电视媒体已越来越发挥出其他宣传载体不可替代的作用，被众多的管理层所认同。更直观、更迅捷的电视媒体作为现实社会最普遍、最广泛、最有效的大众传播媒体及宣传工具，在校园媒体中逐渐地发展成熟起来。电视媒体使校园新闻的视觉冲击力和现场感大为增强，广受师生欢迎，并且成为学校开展教育和对内、对外宣传工作的一个重要手段。

（一）电视媒体是人类社会交流沟通的媒介

人类的发展，从远古社会的肢体交流进化到语言的交流，经历了漫长的发展历程。人类发展到现在，通过媒介传达交流信息，这是人类文明程度的具体写照。人类的生存和发展离不开交流、沟通，人类无时无刻不在进行社会传播活动。传播一词就其实质而言，就是借助传者和受传者双方进行某种程度的信息沟通与分享。电视同报纸、刊物、书籍、广播、电影一样都属于大众传播媒介，电视是一种以电子技术设备为物质基础，以无线电波或电缆、光缆等其他导线为载体，将声像符号传送出去的一种电子媒介，这使电视传播具有了独特的内涵。广义的电视传播是指电视媒介组织依托电视节目向受众输送社会文化、传达社会信息的有目的、有计划、有组织的社会实践活动；而狭义的电视传播主要是指传播者借助传播技术系统对电视节目进行的传送、播出。自从1936年法国和美国开始定时播送电视节目以来，电视传播在人们的社会生活中的影响越来越大。统计表明，20世纪中期以来在传媒和文化载体方面，发展最快的是电视，电视（包括开路电视、有线电视、卫星电视）的覆盖面积越来越大。1993年，美国哥伦比亚广播电视公司的统计报告指出，由于人类对外星空的开发和电子科技的突飞猛进，整个地球都已在卫星电视的有效覆盖之中。就我国而言，始于1958年的电视传播，由于受当时我国的社会经济状况和科学技术水平的限制，直到20世纪80年代初才随着电视机的逐渐普及而成为具有广泛社会基础的真正意义上的大众传播。经过近20年的飞速发展，到2000年底，全国共有县级以上电视台651座，县级广播电视台1272座，全国开办电视节目1068套，由于加强了基础设施建设，努力扩大覆盖面，特别是着力建设村村通广播电视工程，电视的人口覆盖率已经达到93.7%以上，电视传播的受众量远远超过了其他媒体的受众量。电视传播对我国社会的发展已经产生了深远的影响，随着社会信息化的加快，这种影响还将进一步加强。这种影响首先表现为对社会主体——人的影响。高等学校是社会的建设者和接班人的重要培养阵地，理所当然地不能也不应该成为电视媒体的盲点。

（二）创办校园电视媒体是新形势下大学生思想教育的有效途径

1. 校园电视系统的建成和使用，是校园文化建设中的又一个亮点。它发挥着积极的育人功能，它不仅可以丰富学生的校园生活，更重要的是培养了学生关心国际、国内大事的习惯，形成了关心国家大事、热爱祖国的校园文化氛围。

2. 创办学生自己的电视台。自拍节目在校园新闻资讯专栏中播出，发挥了很好的德育功能；校内报告直播、影视作品的欣赏，增加了美育的形式。

3. 校园文化生活的多姿多彩，已不是平面静止的报道所能充分表现的，校园电视媒体的诞生，恰恰弥补了技术上的不足。曲面的联动性、现场性、真实性，使报道大大增强了感染力，也使得校园生活不再是一部分人的生活，而是全校师生可不受时间与场地的限制、共同参与的活动。

4.当今的社会是一个数字网络化的时代,校园媒体应该打破校园的局限,开展校际合作,将全国所有校园电视台联网,缩短校际文化差距,达到国家所提倡的真正的开放办学,以其特有的生动性、实效性有效地促进全国的资源共享,促进全国教育早日步入新纪元。校园电视台是一个健康的、和谐的、百花齐放的、大家各种各样的需求都能够得到满足的地方。有一句古话说得好——"开卷有益",希望"开机"也能够对全国的学生有益。加强电视媒体的管理和建设,是我们校园文化建设者义不容辞的责任和义务。通过各方面的努力,依托人才和创意,不断规范工作方式、方法,不断开拓创新,不断提高工作水平,打造一个积极向上、曲调高雅、雅俗共赏的校园文化环境,增强学校师生员工的凝聚力和战斗力,提高学校的知名度和美誉度,不断增强数字化大学的可视性和直观性,为建设一个高水平的大学夯实基础。

二、网络电视媒体

网络给现代教育教学带来了新的发展动力和新的思考方式,越来越多的人已经开始把目光投向网络电视媒介的教育应用与开发当中。在教育信息化发展和媒介融合的大背景下,构建基于校园网络电视的数字化学习环境具有重要的现实意义和研究价值。在教育教学中,应利用网络电视媒体的独特优势,充分挖掘其具有的教育潜能,探索一种切实有效的方式,以解决当前在大学教学中遇到的诸多问题;通过网络电视创造一种互动开放的学习、交流环境,从而对教师教学、学生学习起到良好的促进和支持作用。

新媒体正成为互联网应用的主流,推动了互联网整体架构的革新,拉动了信息经济的发展,在互联网媒体传播方面起到了主导作用。在良好的校园网络环境下,先进的流媒体技术对于网络教学、视频点播、网络电视、视频会议、网络直播和网络监控等应用的开展有非常大的实用价值。

参考文献

[1] 陈鑫. 新媒体环境下大学生人文素质教育研究 [M]. 延吉：延边大学出版社，2022.

[2] 廖杨，蒙丽. 现代生活的文化解读 [M]. 北京：科学出版社，2022.

[3] 王细芝. 大学生人文素质教育研究 [M]. 北京：中国纺织出版社，2022.

[4] 金晓萌，潘红，高飞. 新时代人文素质教育与高校课程教学改革 [M]. 长春：吉林出版集团股份有限公司，2022.

[5] 宋娜. 素质教育与校园教育管理 [M]. 长春：吉林出版集团股份有限公司，2021.

[6] 郝文捷. 高等院校人文素质教育系列教材音乐欣赏 [M]. 北京：清华大学出版社，2022.

[7] 崔平，杨中碧. 青年学生素质教育系列教材礼仪与文化版 [M]. 北京：清华大学出版社，2022.

[8] 张子泉. 高等院校人文素质教育系列教材应用文写作 [M]. 北京：清华大学出版社，2022：10.

[9] 马振荣. 十三五职业教育国家规划教材大学人文基础：4版 [M]. 北京：高等教育出版社，2022.

[10] 张艳国. 双减背景下的素质教育论 [M]. 北京：知识产权出版社，2022.

[11] 何新华. 当代大学生人文素质教育研究 [J]. 文学教育（中旬版），2021（4）：128-129.

[12] 叶国明. 高职院校人文素质教育之我见 [J]. 文学教育（下半月版），2021（8）：160-161.

[13]谢文娜.学校图书馆的人文素质教育功能[J].参花,2021(2):123-124.

[14]李云娜.古代文学与当代人文素质教育的联系[J].时代报告(奔流),2021(5):14-15.

[15]李美珍.高校人文素质教育政策的变迁与展望[J].国内高等教育教学研究动态,2020(11):3.

[16]朱卉平.高校人文素质教育课程体系的构建[J].学园,2020(18):89-90.

[17]梁晓彤.高校人文素质教育协同机制构建[J].鄂州大学学报,2020(1):74-76.

[18]郭莹,杨迪.高校人文素质教育现状及对策分析[J].山西青年,2020(18)3-34.

[19]钟楚君.人文素质教育融入学生心理健康教育课的实践[J].教育信息化论坛,2022(12):90-92.

[20]武永江.高校思想政治教育共同体研究[J].学术探索,2022(12):147-152.

[21]赵鼎洲.协同创新背景下的高校教师教育共同体研究[J].黑龙江教育学院学报,2018(4):21-23.